無神経の達人

千原せいじ

JN073169

SB新書
615

はじめに

「がさつ」「無神経」「デリカシーがない」――。

僕を表する言葉は、おそらく弟・千原ジュニアの「残念な兄」が一番手だったと思いますが、いつの間にやら、すっかり「無神経キャラ」が定着してるみたいです。

そりゃそうやろな、と納得なのは、たしかに僕は、思ったことは思ったとおりに口に出すし、見たものは見たまんま表現するからです。

僕からしたら、それは当たり前で、「なにが変わってるん？」と思うけれども、どうも世間の常識では違うらしい。さらに、ちょっと世の中を見渡してみれば、なんだか、みんな生きづらくて苦しそうに見える。

思ったことを思ったとおりに口に出し、見たものは見たまんま表現するというのが、なかなかどうして、やりづらいと感じてる人が多いのかもしれない。

だから、僕みたいな人間が、「がさつ」だとか「無神経」だとか「デリカシーがない」とか、言われるようになったのかなと思います。

僕自身は、ただ「普通」にしてるだけなんですが、その「普通」が、世間的には普通じゃなくて、ちょっと変わっているように見えるんでしょう。


そう思って自分を振り返ってみると、僕には、人間関係の悩みというものがありません。「人の悩みの大半は、人間関係に起因する」なんて言われている中で、それがないというのは、我ながらけっこうすごいし、ひょっとして、かなりトクな人生を歩んでるんじゃないかとも思います。

そりゃあ、日々、周りの人たちとの間で、ちょっとした衝突や困り事はありますよ。「あいつ、ものがわからんやつやな！」とイライラすることもあるし、つい、いらんことを言って「やってしまった」と思うこともあります。

でも、そんなのは都度、解決すればいいだけの話で、「悩み」として残ることなんてありません。正直、ひと晩寝たら忘れちゃっていることだって少なくありません。

それもこれも、僕が無神経だから、なんでしょう。
そう、無神経って、実はむちゃくちゃ便利なんですよ。

そもそも日本人は、人と関わるときに、あれこれ考えすぎじゃないかと思う。

「へんなこと言って、アホと思われたくない」
「思ったことをそのまま言って、相手を傷つけたくない」
「いい人だと思われたい」
「賢く見られたい」

もし、こんなふうに思ったことがあるのなら、もうちょっと無神経になってもいいんじゃないでしょうか。
相手に過度なまでに気を遣うというのは、日本人の美徳として語られることが多いですけど、僕は、それは少し違うと思う。気遣いは必要でも、気を遣いすぎて素の自分を見せられなかったら、深い人間関係、いい人間関係は築けないでしょ。

だから、きっと日本人には、無神経さが足らないんです。

言い換えれば、あれこれ余計なことを考えるばっかりに、コミュニケーションが、ちょっと下手すぎる。

もともとそうだったところに、コロナ禍みたいなけったいなことが起こって、人との関わりが薄くなってしまったもんだから、ますますコミュニケーション下手に拍車がかかっているように見えるんです。


企業のお偉いさんとお話ししていても、部下とのコミュニケーションに悩んでいるとか、部下のコミュニケーション能力が心配みたいなことを、よく聞きます。

一方で、時代の流れとともに国境の垣根は限りなく低くなり、世界中の人たちと簡単にコミュニケーションがとれるようになりました。ビジネスで海外の人とのやり取りが新たに生じたり、以前より格段に増えたりしている人も、たくさんいることでしょう。

コミュニケーションはもはや、同じ文化、同じ言語で育ってきた者同士だけの話ではなくなっているわけです。

日本的な「ツーカー」「あ、うん」のコミュニケーションは、たぶん、とっくにオワコンです。裏表なく「はっきり言う」というコミュニケーションがうまいか下手かで、人生の行方が大きく分かれる時代になっている、そう言ってもいいかもしれません。

でもね、最初に言っておきたいんですが、コミュニケーションなんて、そんな大層なものじゃありません。

野生動物と会話するわけでも、異星人と交渉しなくちゃいけないわけでもなく、おんなじ人間と人間とで、言葉やジェスチャーをキャッチボールして、互いの理解をはかる。それだけのことなんです。

ただ、そこに難しさを感じている人が多いんだとしたら、無神経といわれる僕のコミュニケーションのとり方が、なにかのヒントになるかもしれません。

誤解のないよう言っておきますが、無神経といっても、故意に相手を不快にさせたり、おとしめたり、傷つけたりするのはダメです。

もしアクシデントで、そういうことになってしまったのなら、そこはリカバーできるよう、みずから努めなくちゃいけない。当たり前ですよね。

僕のいう無神経なコミュニケーションというのは、たとえば、自分をよく見せようと飾ったり、大きく見せようとマウントをとったりせずに、素の自分で普通に接すること。あとは、普通に人に親切にして、普通に人からの親切をありがたがり、「やってしまった」と思ったことは普通に謝り、逆に謝られるようなことになったら普通に人を許す……といったこと。自ら楽しもうとする、人を分け隔てしないというのも、そう。

本書では、そんな僕が思う、当たり前で普通のコミュニケーションのとり方を、つらつら話していこうかと思います。

いかんせん、がさつでデリカシーのない僕の話なんで、みなさんからしたら、「こいつ、やっぱり無神経やな」と思うところだらけかもしれません。きっとそうでしょう。

それでも、このつれづれ語りの中に、今より「自分らしさ」を出しながら、楽しくラクに暮らすヒントを見つけてもらえたら、うれしいです。

どうぞ気張らず、気楽に読んでやってください。

ということで、ひとつ、よろしくお願いします。

千原せいじ

もくじ　無神経の達人

第2章　心得①　「自分、大したやつちゃうで?」と認識する……41

第3章　心得②　とにかく「普通」でいい……51

第1章

日本人のコミュニケーション、僕はこうしたらいいと思う

愛される人たちの共通項

日本人のコミュニケーションについては、いろいろと思うところがあります。

これから僕が言うことを読んで、中には「そんなに日本の文句を言うなら、もう日本に住まなきゃいい」なんて思う人も出てくるかもしれませんが、僕は日本が嫌いなわけじゃないんです。

生まれ育った日本が大好きだし、もっとよくなってほしいと思っているから、いろいろ自分なりに考えるところがあるわけです。


この30年間、日本は経済成長していません。こんなに長期間にわたって賃金が上がっていない国は、先進国の中で唯一といっていいほどです。このまま日本が二流国、三流国になっていくのを、黙って見ているだけなのは忍びない。

たいていの物事は、人と人とのコミュニケーションを通して動くものですよね。

30年間、経済成長していないというのは、30年間、物事が動いていないということ。つまりは30年間、日本人のコミュニケーションがそうとうまずかった、いいところがなかったということだと思うんです。

失敗からリカバーするには、失敗していることを認めて、軌道修正しなくちゃいけません。だからこそ、日本人のコミュニケーションを、ここらでしっかり見直したほうがいいのではないでしょうか。

実際、コミュニケーションが下手くそだと、むちゃくちゃ損をすることが多い。

外国に行ったときにも、よく思います。日本が多額の支援をしてつくった空港なのに、日本便の発着口がロビーからえらく遠かったり。現地のレストランなどでクレームを入れると、「日本人は黙って金を払っておけばいいんだ」と言われたり。「なんで今まで、誰も、なにも言わへんかったんや」と憤りを感じることが多いんです。

意見や主張をせず、黙ってやり過ごしてきたことで、不利益をこうむっていることがあまりにたくさんある気がします。

日常的な日本人同士のやりとりでも、「コミュニケーションのうまい下手が、人生を左右するなあ」と感じる場面は多いです。

以前、僕の行きつけの飲食店でも、こんなことがありました。

そこでは、僕の後輩芸人がアルバイトをしています。ある晩、彼が芸人だと知ったイチゲンのお客さんが、「なにか、おもしろいこと言ってみてよ」と、しつこく絡んできた。さらに、酔った勢いなのか暴言まで吐き始めました。どこかの一流企業の社員のようですが、酒の飲み方は最悪。お店のマスターも「お客さん、その言い方はちょっと」「そんなこと言わないであげてくださいよ」となだめていたのですが、一向にやめない。店内の雰囲気が険悪になってきたところへ、別の常連のお客さんが入ってきました。

すると、その乱暴なイチゲンさんは、あとから来た常連さんと話し始めた。しばらく飲んでから、帰る方向がお互い同じということがわかり、「一緒に帰りましょうか」という話になったんです。

自分が来る前にお店で起きていたことを知らない常連さんは、「じゃあ、帰りましょうか」となりかけたのですが、そこで機転を利かせたのがマスターでした。

その常連さんに、サッとLINEで「1杯おごるので、今日はもうちょっと飲んでいってくれませんか？」とメッセージを送ったんです。

それだけの短いメッセージでしたが、常連さんもなにかを察知したのでしょう。「ごめんなさい、やっぱりもう少し飲んでいきます。どうぞお気をつけて」と告げて、そのイチゲンさんはひとりで帰っていきました。

その後、なにがあったのかをマスターが明かした。

常連さんも、「そうだったんですか。それは大変でしたねえ」と納得したあと、僕の後輩芸人に「でも、芸人だったらおもしろいこと言わなきゃ」と軽口を。後輩も「そら、いつもおごってくれる人にやったら、なんぼでも言いますわ」と返してすぐに場は和み、みんなで楽しく飲んだ——という顚末です。

マスターは、「あのイチゲンさんと一緒に帰ったら、店のほかのお客さんたちに、『ふたりは仲間だったんだ』『どっちも性格悪いなあ』と思われちゃうでしょ？　それじゃあ、気の毒じゃないですか」と言っていました。

LINEを受け取った常連さんも、さすがです。短いメッセージだけで「なにかあったんだな」と察して、さり気なく店に残った。野暮なやつやったら、「え、このLINEなに？　なんかあった？」とか口に出しかねないところですから。

人間関係の大半は、ルイトモです。こういうコミュニケーション上手が集まるその店では、実際にいろんな人と人とのつながりが生まれていきます。一方で、コミュニケーションが下手で、ほかのお客さんの気分を害したり、楽しく飲んでいる場を壊したりするそのイチゲンのお客さんは、この素敵な場に加わることはできなかった。もったいない話です。

そう考えると、売れている売れていないにかかわらず、また先輩や後輩にかかわらず、芸人にはやっぱりコミュニケーション上手な人が多いです。ボケたりツッコんだりして場を盛り上げるときも、さじ加減が絶妙。嫌な出来事も悲壮感いっぱいに語るのではなく、うまいこと笑える方向に持っていきます。

だから、みんな周りから愛されるし、求められる。たとえば、このあとでじっくり話そうと思っている元・ギンナナというコンビで活動していた菊池健一くん。彼なんて、むちゃくちゃ愛されているがゆえに、しょっちゅう「菊池くんの取り合い」みたいなのが起こっているんだから、大したものです。

加えて、芸人の中には「以前は営業職でした」という人が、けっこうたくさんいます。それも、成績がよかったという人が多い。つまり芸人の世界は、お笑いうんぬんよりも、まず土台としてコミュニケーション能力の高い人が集まっているんだと思います。

正直、僕なんかよりも彼らの話のほうが、ずっと、みなさんの参考になるんじゃないかというぐらいです。

彼らの共通点でまず挙げられるのは、「明るい」ということ。

そして、「素直」であるということ。

先輩の言うことをなんでも聞いたり賛同したりする「イエスマン」という意味ではありません。人の話に耳を傾けたり、喜んだり、楽しんだり、感謝したりということをストレートに、自分を飾ることなくできるという意味での「明るさ」であり、「素直さ」です。

明るくて素直。これらを兼ね備えながら、周りに陽のエネルギーを振りまき、ちゃんとコミュニケーションがとれる人たち。だから当然、愛される。そして気づいたら、「なんか知らんけど食えてます」となっている。彼らこそ、まさしく「人たらし」です。

なにがあっても、なんとかなる

コミュニケーションは、基本的に人を幸せにするものだと思います。

「ひとりで過ごす時間が欲しい」という人はいても、「一生、誰とも話したくない」という人はいないでしょ。「ひとり」はよくても、「ひとりぼっち」は嫌なはずです。人間の生存本能としても、「孤独を避けたい」という思いがあるといいますしね。

人として生まれたからには、人と交流することなしに幸せにはなれない。ということは、人とうまく交流する能力を磨くことは、そのまま自分の幸せに直結するといっても過言ではない気がします。

この本を読んでいるみなさんが、人間関係やコミュニケーションのことで悩んでいて「どうにかしたい」と思っているとしたら、「どうにかしたい」と思っていること自体が、すごく前向きでいいことだと思います。

諦めている人、なにも感じない人、考えない人は、「どうにかしたい」なんて思いません。「どうにかしたい」というのは、言い換えれば成長しようとしていることだから、すでに大きな一歩を踏み出しているんだと思う。

そうしたら、次は思いを行動に移す番。ひとつでもふたつでも、この本で参考になることがあったら、まず、やってみてください。

静かな水面に一滴の水を落としたら、サーッと波紋が広がります。

それと同じで、思いは行動を生み、行動は周囲へ影響を与えながら、どんどん広がっていく。その繰り返しの中で、少しずつ自分のコミュニケーションや、周囲との関係性が変わったりしていくはずだと思うんです。

たとえば、企業には「社内政治」というものがあると聞きます。政治の世界のような派閥争いや駆け引きが各企業にもあって、社内の誰に取り入ったら出世できるかとか、スムーズに事を進めるためにこの部署には話をしないでおこうとか。そういうのも時代の変化とともになくなっていくんじゃないかとは思うけど、そんなことを気にしながら日々仕事をするのは、しんどいですよね。「〇〇さんには気に入られといたほうがいい」とか「△△さんに嫌われたらどうしよう」なんて、考えたとたんにコミュニケーションが苦しくなりそう。

「この人に付き従っていかないと」っていう考えも、もう時代遅れな気がするし、「この一社で定年まで勤め上げる」という考えも、だいぶ薄れていますよね。

だったら、社内外を問わず、いろんな人とランダムに付き合ったほうが、人生の可能性も選択肢も広がりやすくなると思います。

人生、自分さえ投げ出さなければ、なんとかなるもんです。

こんな言い方は無責任に思われるかもしれないし、一人ひとりが置かれている状況が違うのもわかる。でも「たいていは、なんとかなる」というのは、自分自身の経験からも、周りの人たちを見ていても言えることなんです。

人間関係に誤解はつきもの

同じ日本語をしゃべっていても、物事をどう表現するかは、びっくりするくらい人によって違うもんです。つまり、相手に自分の真意が伝わっていない可能性と同じぐらい、相手の言葉の真意をちゃんと受け取れていない可能性も大きいということです。

つい先日も、そんな経験をしました。ある役者さんに言われて「痛いところを指摘された。恥ずかしい」と思っていた言葉が、実は褒め言葉だったらしいのです。

別の役者さんに、「この間、こんなこと言われて、めっちゃ恥ずかしかったわ」と明かすと、「いや、せいじさん、それ僕らから見たら、すごい褒め言葉ですよ」と言われたんです。

地域や職業によっても、その世界の暗黙の了解といったらいいのか、使う言葉のコードみたいなものがありますよね。一般的にはいい意味で使われていない言葉でも、その職業の中では、めちゃくちゃいい意味で使われていることもある。

具体的になんと言われたのかは、自慢みたいで恥ずかしいので伏せますが、「そうか、役者さんの世界では、あれは褒め言葉やったんや」と思いました。同じ職業の人に話さなかったら、誤解したままでした。

言葉に込められた「意味合い」には、その人の属性や職業、育ってきた環境などが反映されています。極端なことをいえば、同じ言語を使っていて、互いに発する言葉の「意味」は理解できる間柄でも、同じ言葉を同じ「意味合い」で使っている人は、この世にふたりとしていないんじゃないかな。言い方や、その言葉を発したタイミングなんかでも、意味合いは変わってくるだろうし。言葉を受け取った側の心の状態なんかによっても、変わってくるでしょうね。


もし、人から「ん?」と引っかかるようなことを言われたとしたら、「どういう意味で言ったのかな」と少し考えをめぐらせてみてもいいかもしれません。僕がしたように、その人に近い人や、その人と同じ属性の人に話してみて、真意を探るのもいいかもしれない。

物事には必ず表と裏、いい面と悪い面があります。たとえば「無神経」といっても、「感受性が鈍くて、人の気持ちを気にしない」という辞書の意味そのままの受け取り方もできるし、「細かなことを気にせず、おおらか」と受け取ることもできます。

誰かが発した言葉の意味合いを、自分の考える意味合いのまま受け取ると、知らないうちに相手を誤解してしまうかもしれない。そのせいで、本当は絶たれなくてもよかった関係性が絶たれるようなことになったとしたら、もったいないですよね。

「マニュアル至上主義」が見過ごすもの

マニュアルや形式が大事な場面もあるのでしょうが、そこにとらわれるばっかりに、仕事が滞ってしまう場合もある気がします。

というのも、先日、こんな話を聞いたからです。

僕の友だちが、不動産物件を探していたときのこと。ある物件に案内してくれた営業マンは、スーツにネクタイというちゃんとした出で立ちで、こちらが質問するたびに「確認します」「追ってご連絡します」と、えらくキチキチした受け答えをしていたそうです。

後日、また別の物件を見せてもらいに行ったら、現れたのはスーツの彼ではなく、同じ不動産会社ながらアロハシャツ姿でチャラい感じの営業マンでした。

見た目だけでいえば、仕事ができそうなのはスーツの彼。でも実際は、アロハシャツのチャラ男のほうができるやつだった、という話です。

スーツの彼は「確認します」と返答こそしっかりしていたけれども、返答までに時間がかかるから話が進まない。一方、アロハシャツの彼は、なにか聞くと即、「一応、家賃は〇万円になってますけど、逆にいくらなら借りられます？」「ここの大家さんうるさいから、それはダメですよ～」といったように具体的に答えてくれるので、話が早かったそうなんです。


もちろん、装いがチャラいほうが仕事ができる、ということではありません。

ただ、スーツの彼は、ひょっとしたら「マニュアル男」だった可能性は考えられます。「お客様には丁寧な言葉遣いと態度で接する」「不確実なことは答えてはいけない」などマニュアルはしっかり守るものの、目の前のお客さんに対して臨機応変なコミュニケーションをはかる、ということができていなかったのかもしれません。

その点、アロハシャツの彼は、お客さんとちゃんと会話して、質問にもちゃんと答えたうえに、「いくらなら借りられるか」など、代替案や妥協案を見いだすための働きかけもした。そういう意味では、スーツの彼をしのぐ情報量があると共に、コミュニケーション能力においても数段上だったわけです。

アロハシャツの彼は、マニュアルなんかよりも、その場、そのお客さんの求めに応じる姿勢のほうを大切にしていたのかなとも思います。

結局、友だちは、アロハシャツの彼が見せてくれた物件に決めました。「物件は似たり寄ったりだったけど、アロハシャツの彼のほうが仕事も早いし、打てば響くように会話ができたから」と言っていました。

ちゃんとマニュアルを守っていれば結果が出るとは限らないというのが、仕事の難しいところですね。むしろ、マニュアルを気にしすぎると、動きが遅くなったり、制限されたりすることも多いでしょ。

そこにとらわれすぎないほうが確実にフットワークは軽くなるだろうし、だからこそ入ってくる情報も多くなるだろうし、人とのコミュニケーションも盛んになるだろうし。で、結果として仕事が早くなる。

もし問題が起こったら、その都度考えて対処していけばいいんです。それくらい図太く、無神経でいい。そういうタイプのほうが、これからは可能性が広がる気がする。

実際に、海外の製品やサービスなんかはそういうつくり方をしていっていますよね。最初は、いち早くパイロット版みたいなものをリリースして、少しずつアップデートしていく。逆に、日本は最初からカッチリとした完成品をつくろうとするから、スピードが遅くなるし、修正もききづらくなると。

スーツの彼からすると、「自分のほうがちゃんとしてるのに、あんなちゃらんぽらんなやつに、お客さんをとられた」って悔しいかもしれない。でも、そのことで彼がコミュニケーションの本質に気づいて、スキルに磨きをかけるような行動を始められていればいいなと思います。

親は子どもの「前」じゃなく、「後ろ」にいるべき

教育についても、少し言わせてもらいたいことがあります。

僕は教育論なんて語れるような立場ではないとはいえ、大前提として、家庭内で人のこ

とを否定するような会話はしないほうがいいと思う。

しょっちゅう人を否定するような会話をしている家庭の子は、きっとしょっちゅう人を否定するような人間になる。平気で誹謗中傷する家庭の子は、きっと平気で誹謗中傷するような人間になる。差別的な会話が多い家庭の子は、きっと差別主義的な人間になる。

親が「反面教師」となって子どもがいい方向に転がればいいけれど、なかなかそうもいかない。家庭内で起こっていることは、たぶん、そのまま子どもの社会性に反映されます。

いじめっ子の親は、いじめっ子っていう構図です。


そもそも子どもを「教育する」っていうのが、なんだかおこがましい気がします。もちろん親には子に対する責任がありますし、面倒を見たり世話を焼いたりして成長させていかなければならないのは当然です。だからといって、「教育する」という上から目線で子どもと接するのは、どうなんだろう。

「社会のルールを教えなくちゃいけない」「ちゃんとしつけなくちゃいけない」と思っている親御さんが大半だと思いますけど、子どもってすごいんです。自分が生きていくために必要な術なりルールなりを、普段の生活の中から自然に学んで身につけてしまうことも多いですから。

現に僕なんか、息子にいっさい敬語の使い方なんて教えていませんが、ある程度の年齢になったら、彼は自然と使えるようになっていました。


みんな、親になる訓練なんて積まずに親になります。「こうしたら子どもがちゃんと育ちます」っていう確固たるスキルを持っている人がいたら、連れてきてほしい。子育ては、仕事で部下や後輩を育てることとも違うんです。

だからというわけではないけれども、そもそも僕には、子どもを「教育している」という意識があんまりない。

たぶん親が子どもにできることは、そこまで多くないんですよね。「たくさんのことを教えてあげなくては」と思って実行することは、むしろ子どもの可能性を狭めてしまうことにつながる気もします。なぜなら、親は自分自身の経験の範囲内でしか、ものを教えられないから。どんなに優秀な人でも、自分だけの経験となるとごくごく限られるものです。

しかも、時代はものすごい勢いで変わっていて、従来の価値観とはまったく違う価値観も出てきています。さらに、デジタル機器の使い方しかり、子どもがナチュラルに身につけていることを、親が必死にアップデートしなくてはいけない部分も大きくなっている気がしませんか。

ひとり分（両親合わせるならふたり分）の経験だけを頼りに子どもを育てようとすると、ひょっとしたら親が経験していない素晴らしいものに手を伸ばそうとしている子どもの手を遮り、なにかを成就できるかもしれない子どもの可能性を閉ざしてしまうことになるかもしれない。

親にできるのは、子どもがとにかく自分の思うまま、興味のあること、やってみたいことに手を伸ばせるようにすることじゃないかと思います。「いろいろなことにチャレンジしていいんだ」という、精神的土台をつくるということです。

そのうえで、「もし失敗したり傷ついたりしたときには、いつでも自分たち親がサポートするよ」という存在感だけは出しつづける。そこが、親としての責任の示しどころかなと思います。そのためには親子間の信頼感が絶対不可欠であり、信頼感は日ごろの密なコミュニケーションによってしか培うことができません。

こんなふうに、子どもが自ら学び、成長していく過程を、コミュニケーションをとりつつバックアップするというのが、親にできる最大限のことなのかなと思う。

子どもの前に立って歩むべき道をつくってやるなんて、おこがましすぎるし、いらぬお節介じゃないでしょうか。

もちろん、「まったく叱ったりしないほうがいいのか」というと、それも違うと思います。子どもって、ときどき、わけわからんことをするでしょ。

その行動によって、たとえばモノが壊れたり、自分や人が傷つくことにつながったりする場合は、ちゃんと叱って、わからせる必要がある。感情的に怒鳴ったり手を上げたりするのではなく、なぜダメなのかという理由をしっかり説明することが大事だと思います。

説明が大事というのは、たとえば「法律で禁止されているからダメ」ということではありません。これでは説明していることにならない。

なぜ道路を青信号で渡るのかといったら、「道路交通法で定められているから」ではなく、「自分の身を守るため」ですよね。

さらに、「自分の身を守るため」には、信号さえ守っていれば大丈夫とは限らない。「青信号でも車が突っ込んでくることがあるから、よく左右を見てから渡らなければならない」というところまでを理解させることが、説明するということだと思います。

当然ですけど、言ってもわからないから怒鳴ってわからせる、もっと悪い場合は、どついてわからせる、なんて最低最悪。子どもをなめてますね。子どもだって物心がつく年齢になれば、ちゃんと言葉で説明すれば伝わるもんです。

……という子育ての話は、ぶっちゃけ、僕の理想をしゃべっただけです。

僕はそんなに立派な親じゃない。自覚してます。手を上げたことこそないけれども、もともとカッとしやすい性格だし、つい感情的になってしまうこともある。でも、親が感情的に怒るのって、子どもからすれば「ズルい」ことですよね。小さな子からしたら、それ以上は反論することも言い訳することもできなくなってしまうから。僕も子どものときに、そんな経験をしました。

だからそのたびに反省して、謝っているつもりではあるけど、子どもはずっと覚えているだろうし、許してくれないかもしれません。

老いては若きに従え

時代の変化とともに価値観も変化していくものですが、その変化スピードがどんどん速くなっているように思います。その中で、「正しいコミュニケーション」「正しくないコミュニケーション」の線引きも変わりつつあります。

テレビの世界でいうと、昔はディレクターなんかが若いスタッフの頭を台本ではたくなんて日常茶飯事でしたが、今ではアウトでしょ。

ほかにも、仕事終わりに「よし、今日はみんなで飲みに行こう」って声をかけると、「それ、残業代出るんですか。出ないなら行きません」っていう新世代がいたりする。僕が経営していた飲食店でも、実際にそういう子がいましたしね。

そういえば、ある会社の飲み会で、男性の上司が男性の部下に「二次会、君も行くだろ？」と声を掛けながらトンと肩を叩いたら、後日、人事部に呼び出されて「パワハラとセクハラの訴えがありました」と告げられた、なんて話も聞いたことがあります。

これらの話に「そりゃそうやろ」と思うか、「ウソやろ？」と思うかは、世代によって分かれるのでしょう。いいか悪いかではなくて、要は、これくらい価値観は大きく変わりつつあるということです。

でも、「当たり前」の基準が急激に変わってきているなら、古い時代の価値観で生きてきた人たちは、そこに固執せず、新しい感覚に順応しなくちゃいけないなと思います。時代は若い人たちがつくっていくものだから、古い世代は、それに合わせるのがいちばんでしょ。「昔はこうだった」なんて、うらめしそうに言っても仕方ないんです。時代の流れは、止めることはできないですから。

ここで、なにが是でなにが非かという「是非」を問い始めると、さらにややこしくなってしまいます。是非は価値観とも深く関わっているので、「昔の考え方が正しい」「自分はこの価値観でやっていくんだ」と主張しても、若い人には「老害」としてしか見られかねません。

新旧の世代で価値観や是非についての意見が分かれたら、若い世代は「今、こういうのはダメ」「あなたの価値観がどうだろうと、ダメなものはダメ」くらい強引にもっていっていいと思う。

古い世代は、「そうなんか、今はそんな時代か。ならやめとこ」と理解して、素直に受け入れる。

そうしないと、価値観はアップデートされず、新時代の扉は開かれないまま。価値観の違いという壁で世代間が分断されつづけ、新時代の価値観についていけない孤独な老人が量産されるだけだと思うんです。

順当に行けば、古い世代のほうが先に死ぬわけだから、どうしたって社会の価値観は若い世代の色に塗り替えられていくものです。

だから若い人たちも、古い価値観にこだわる老害に遭遇したら、あんまり深刻に捉えず「いずれ死ぬから」くらいに思っておけばいいんじゃないですか。旧時代的なパワハラもセクハラも、放っておけば、その主が死に絶えることで自然消滅していきます。

なにも、若い人たちに「今は耐えろ」という意味で言っているわけではありません。自分たちなりに主張をしつつも、「いずれいなくなる」「自然消滅する」って思ったほうが、気がラクじゃないですか、という話。

そして古い世代のほう——僕が属するほうですけど——に言いたいことは、どう考えても自分たちのほうが先に死ぬし、今という時代は若い人たちのものだということ。どうあがいても、自分たちが慣れ親しんだ古い価値観が蘇ることはありません。

悪あがきなんて、時間の無駄。だったら、へんなプライドは捨てて、新しいものや価値観に興味を持って、触れて、受け入れて、自分をアップデートしていきましょうよ。

そのほうが、ずっと楽しく幸せに生きていけるはず。少なくとも僕は、そういうつもりで毎日を過ごしているんです。

第2章

心得①
「自分、大したやっちゃうで？」と認識する

他者に優しくない人たち

最近の傾向なのか、「他者に優しくない人が多いな」と思うことが増えています。

身近な人間関係がすべてで、それ以外の人たちは眼中にないという感じ、と言ったらいいでしょうか。その限られた人間関係の中でさらに、上には腰が低く、下には強く出る。

電車やバスで赤ちゃんがぐずっているときなんかも、ひと昔前はまだ、たまたま隣に座っているおばちゃんとかが、「あらあら、どうしたの〜？」「赤ちゃんじゃ、言葉もしゃべれないもんねえ」なんてあやしたりしたものだけど、今ではほとんど、そういう風景を見かけません。

あからさまに迷惑そうな顔を向けたり、あろうことか舌打ちしたり、「うるせーな！」なんて怒鳴ったりする人までいるらしいじゃないですか。周りの人たちも、知らんぷりを決め込んで。

赤ちゃんは泣くもの。人は誰しも赤ちゃんだった時期があって、泣いたりわめいたり、周囲に迷惑をかけながら大きくなってきたんです。そんなの当たり前なのに、赤ちゃんのお母さんが肩身の狭い、申し訳ない思いをするなんて、おかしいでしょ。

ある在来線では、車内に「この車両はお母さんに優しい車両です」というステッカーが貼ってあると聞きました。

いい取り組みのように見えるけど、裏を返せば、わざわざそんなアナウンスをしないと、優しくできないということですよね。それだけ、電車内でつらい思いをしてきたお母さんが多いということでしょう? 「優しくしましょう」と言われないと優しくできないなんて、人としてどうなんだろうと思ってしまいます。まあ、アナウンスされたからといって、そこで「はっ」として、慌てて優しくする人が増えるとも思えんけど……。

こういうのって、コミュニケーションうんぬんじゃなく、それ以前の心の問題が大きいように思えてしまう。

電車といえば、痴漢なんていう卑劣な性犯罪が横行してるのも嫌なものですね。痴漢は言い逃れできない人権侵害。これだって、いってみればコミュニケーション以前に人としてどうか、という問題です。

痴漢って、たいていは、異性に興味はあるけれども、面と向かってアプローチできないようなやつがするものでしょ。要は、まともなコミュニケーションがとれないことで、屈折した性欲がどんどん高まっていく。挙げ句、隠れて女性のからだを触る、なんていう卑劣きわまりない行為に及んでしまうんじゃないでしょうか。

ちなみに「痴漢」は海外でも〝chikan〟と言うところが多いんです。〝koban〟〝kawaii〟〝mottainai〟などと同様、日本特有のものだから、日本語がそのままアルファベットに置き換えられて国際語になっている。

屈折した欲望を満たすために、コソコソと女性のからだを触る男ってなんなん？　知らない男にからだを触られて、「やめて」も「なにしてんねん！」もなにも言わない日本の女性ってなんなん？　怖くて声を出せない女性も多いだろうとはいえ、海外の人たちの目には、だいぶ特異に映るらしい。

実際、ある国では「これが日本のchikanだ！」みたいに興味本位で取り上げる番組があったり、またある国では、日本に渡航する自国民に対して「日本はchikanという性犯罪が多いから気をつけましょう」と注意喚起をしていたりする。

「交番」「かわいい」「もったいない」が世界中に広まるのはいいけど、「痴漢」なんて卑劣な性犯罪が日本独自のものとして世界に知れ渡っているなんて、かなり不名誉なことじゃないですか。

僕は別に、日本人をディスりたいわけではありません。ただ、テレビの仕事で世界中を飛び回ってると、海外の国々と日本の違いが嫌でも目につくようになります。

それが「海外と比べて、日本にはこういう、いいところがあるな」ということならいいのですが、残念ながら逆のパターンも多い。だから、「聞いていてあまり気持ちよくないかもしれないけど、ちょっと言わせて」というつもりで書いてます。

「自分は大したことない」と開き直ればラクになる

ええカッコしいとか、相手より強い立場でいたいとか、相手に先手を取られたくないとか、「いい人」に見られたいとか……。そういう裏側の欲求が、おかしな意識や振る舞いを生んでいる気がする。素の自分を見せるのが怖くて、自分を取り繕ったり、マウントをとったりする人も多いんだと思う。

それが僕には不思議。初めから自分のことを「もともと大したやつとちゃう」と潔く認めてしまえば、人と接するときも開き直れるし、素の自分で接するのも怖くなくなると思います。

素の自分を見せたら、いじられるかもしれない？

でも、僕からしたら、いじられるのはむしろ「おいしい」こと。いじられるのは大好きです。それこそ、弟の千原ジュニアなんかが僕のことよく「残念な兄貴」と言ってますけど、ぜんぜん嫌じゃない。

別に、長いこと芸人やってるからってわけじゃなくて、昔からです。いじられるって、なんか、「愛されている感」があるじゃないですか。……僕がこんな言い方したら、気持ち悪いかもしれんけど。もちろん、そこで笑いが起こったらうれしいし。

いじられるのが苦手な人も多いみたいですけど、なんでなんでしょう。

「バカにされている」と思って恥ずかしくなるとか、プライドが傷つくとか？　もともと僕は自分の事を「大したやつとちゃう」と思ってるから、傷ついたりすることもないんですけどね。

いじられるのが嫌だという人は、もっと映画を観たり、小説を読んだりしてもいいと思う。つまりは、いろんな世界に触れる。世界にはいろんな人がいて、いろんな考え方があって、いろんな生き方があることを知る。そうしたら、いじりごときで恥ずかしいと感じたり、プライドが傷ついたりすることはなくなるんじゃないですか。

いじりも度がすぎるのはよくないというのは、わかります。けど、自分の欠点なんかも笑い飛ばせたほうが、結果的に生きることがラクになります。相手も、そういう人間には気を許して、素を見せてくれるようになりますしね。

コミュニケーションなんて「普通」でいいのに、それができない。できない原因は、その根底に自信のなさや、「素の自分を見せたらみっともない」「いじられて恥をかくかもしれない」という思いがあるから。でも、そういうプライドが、実はいちばん邪魔なんです。

まあ、思い返せば僕も若いころ、そういう時期がありました。

自分を大きく見せたい、マウントをとりたい、人より優位な立場で話したい。だけど、それはやっぱりしんどいし、人間関係がひずんでくる。ややこしく考えないで「普通」にしていたほうが、ずっとポジション的にもラクだと気づいて、早々にやめたんです。結果、人間関係もスムーズになった。

自分を取り繕ったり、マウントをとったりするのは、エネルギーを使うことなのでかなり疲れます。

スポーツの試合みたいに時間制限があれば、タイムアップが来れば試合終了だけど、人付き合いは一生つづく。じゃあ、一生、取り繕いつづけるの？　マウントとりつづけるの？

そう考えてみれば答えは明らかでしょ。


これと関係あるのかわかりませんけど、そういえば、僕は最近、あんまり怒らなくなりました。昔はしょっちゅうカッカしてたけど、怒るのも、やっぱりエネルギーを使って疲れる。だんだんラクなほうを選ぶようになって、人間の性質的なところも、ちょっとずつ変わってきたのかもしれません。

最初から「素の自分」を見せちゃう

僕は人と会うとき、まったく緊張しません。初対面でも平気。

若手時代に、お笑い界のレジェンドみたいな大先輩と初めてお会いしたときなんかは、ちょっとは気持ちがピリッとしたものですが、それでも「緊張する」より「うれしい」のほうが優ってました。

緊張しないのは、そもそも「ええカッコしよう」とか「いい人に見られたい」とか「賢く見られたい」とかいう気持ちがないからでしょうね。犬や猫がゴロンって腹を見せるみたいに、最初から素を見せちゃうことが多い。

ただ、これは僕の職業柄、「この相手と、どうしてもお近づきにならなくてはいけない」みたいなケースが、ほとんどないことも関係していると思います。

失礼なやつ、なんかウマが合わないやつ、高慢ちきなやつだと思ったら、付き合わなくても基本的になにも困らない。まあ、そんな人ともうまく付き合うことで、もっともっと仕事が増えることもあるのかもしれませんが……。

上司や取引先の人とうまくやらなくてはいけない立場にある人と僕とは、少し違うのかもしれません。けど、門外漢ながら言わせてもらえば、神経を削られてまで仲よくしなくちゃいけない人なんて、本当にいるの？　ストレスでおかしくなりそうでも、いなくちゃいけない場所って、本当にあるの?とは思います。

誰かになにかをお願いしたいというときでも、「どーーーーしても、その人じゃないといけない」というケースは、実は、そんなにないと思う。

世界で唯一の技術を持っている人に力を借りたい場合とかでもない限り、言い方は悪いけど、たいていのことは替えがきくでしょ。なら、「この人、嫌だな」と思ったら、それ以上は無理して取り入ろうとせずに、別のルートを探せばよくないですか？

そう考えたら、人間関係にプレッシャーを感じることは、かなり減るんじゃないかなあ。

好き勝手言って、ごめんなさい。

僕は勤め人になったことがないから、無責任に聞こえたかもしれない。

そう簡単に、今いる場所から抜け出すことなんて考えられないかもしれない。

今の仕事をやめたら即、食うことに困るようになる可能性が高い人だって、きっと多いことでしょう。

でも、「この人と仲よくせなあかん」「この場所にいなあかん」っていうのは、ひょっとしたら思い込みかもしれない。

ちょっと目を向けてみれば、世界はびっくりするくらい広い。

「ほかに、もっと気持ちよく過ごせるような人や場所があるんじゃないか」「意外と自分の素を見せたほうが、関係がスムーズになるんじゃないか」という可能性を、最初から排除することはないと思うんです。

第3章

心得②
とにかく「普通」でいい

「匂わせ」「遠回しなもの言い」「謙虚さ」はすべて不要

僕が「やめたほうがいい」と思う、日本人の悪しきコミュニケーション習癖は、いくつかあります。

ひとつは、よくいわれる「同調圧力」。

そして、「お節介」。特に、相手が「弱い人」「かわいそうな人」だと思えば、「優しい私がなんとかしてあげる」となり、個人個人の事情なんておかまいなしのルールを押し付けようとする。

「察してほしい」という匂わせも、やめたほうがいいんじゃないかな。

何人かでご飯に行ったときとかに、よく出会うんですけど、メニューを見ながら「これ、食べたいなあ」「これ、おいしそうだなあ」ってつぶやく人、いません？

「食べたいものがいっぱいあって選べない！」みたいなワクワクを隠し切れないという感じじゃなくて、こっちの「じゃあ、それ頼む？」待ちの言い方というか。

「これ食べたいんだけど、どう？」「これ頼んでいい？」と聞いてくれれば、「ええやん、頼も！」とか「ちょっと高すぎひん？」とか反応できるものの、「私はこれを食べたいけど、主張しすぎるのもなんだし……誰か察してくれないかな」という思惑が透けて見えるようで、僕はイラっとしてしまう。

前はいちいち「なら、それ頼んだら？」って言ってましたけど、最近はアホらしくて、スルーするようになってしまいました。

飲食店での「これ、食べたいなあ」ぐらいなら、まだかわいいかもしれませんけど、仕事の場でそれをやられたら、もっと鬱陶しくなりそうです。

たとえば、依頼内容をはっきり言わずに、「こんなふうにできたらいいなあ」なんてつぶやいておいて、チラチラ周りの顔色をうかがう。誰かが「じゃ、僕がやりますよ」っていうのを待っている。

こういう「はっきりとものを言わずに、察してもらおうとする」「匂わせておいて、決定打となるひと言は相手に言わせる」みたいなのは、ちょっと卑怯ですよ。「自分は責任を負いたくない」という甘えの表れだから。

日本人は奥ゆかしく、慎み深い。それが美徳だともいいますが、海外の人からすると異常なくらい遠回しな表現ばかりするように見えるようです。

同じような美徳がある日本人同士だったら、問題ないかもしれない。でも、特に海外の人とコミュニケーションをとる場合、はっきりものを言わずに「察してくれ」なんていう甘えは通じません。即刻やめたほうがいい。

これは、ある知人から聞いた話です。

その人の友人は外国人ですが、海外から憧れの日本企業に就職して、元気に働いていたらしい。ですが、次第に上司とのコミュニケーションがストレスになってきて、ついにやめてしまったそうなんです。

たとえば、こんなことがあったといいます。

ある夏の日、上司と同じ部屋で仕事をしていると、上司が「この部屋、空調が効いていて空気が乾燥するな」と言いました。その外国人の彼は、「そうですね、ちょっと乾燥しますね」と相づちを打って、仕事をつづけました。

仕事中に交わされた他愛のない世間話。僕にはなんの問題もないように思えます。

ところがその上司、急にイライラし出して「空気が乾燥してるなってことは、喉が渇いてるかもしれないっていうことでしょ？　だったら『お茶でも淹れましょうか？』とか気を利かせなさい」と言ったそうです。

　こんな怒り方、二重、三重におかしいでしょ。

　まず、喉が渇いているのは自分なんだから、自分でなんとかせえ！って思います。百歩譲って部下に世話をしてもらうとしても、「悪い、ちょっと喉が渇いたから、お茶でも淹れてくれないかな」「コンビニでお茶でも買ってきてもらえる？　はい、これで（お金を渡す）君のぶんも買ってね」など、普通にお願いすればいいだけです。

　そう、やっぱり「普通」でいいはずなんです。それをせずに婉曲すぎる言い方をして、「察しろ」というのは、ものすごく甘えてる。気色悪い。

　この一件だけならばまだしも、こういう「遠回しな表現↓気を利かせろという圧力」がとにかく多くて、彼はストレス満載になってやめてしまったそうです。

　彼にとって「憧れの国・日本」は、一転して「コミュニケーションが難しく、相手の気持ちを想像して気を遣わなくてはいけないストレスフルな国・日本」になってしまった。僕は、「せっかく来てくれたのに……」と、勝手に申し訳ない気持ちになりました。

　夏目漱石が「I love you.」を「月がきれいですね」と訳したという逸話があります。それに対して、「直接的な言い方をしない日本人の美徳、情緒あふれる美意識の表れだ！」

なんて賞賛の声も多いですけど……いやいやいや。現代的な感覚からしたら、こんなの、とんでもない誤訳でしょ。

好きでもなんでもない人から「月がきれいですね」と言われて、「そうですね」と応えて、両思いになったと勘違いされたら、それこそ気色悪い。最悪の場合、ストーカー事件に発展しちゃいますから。


やめたほうがいいと思う習癖、最後のひとつが「謙虚さ」です。

謙虚さも日本人の美徳といわれますが、これも、今みたいに海外の人たちと頻繁にやりとりするのが当たり前の時代では、どうなのか。いい加減、アップデートしたほうがいいんじゃないですか。

もちろん、「偉ぶらない」「自分の能力や立場におごるような態度をとらない」といった、本来の意味の謙虚さは大事です。でも、日本人の場合、うわべだけ謙虚を装うことが多い気がするんです。

たとえば、なにかをあげるときには「つまらないものですけど」と、奥さんや息子の話をするときには「愚妻が」「愚息が」なんて言う。普通に「これ、よかったらどうぞ。差し上げます」「妻が」「息子が」って言えばいいだけのところで、わざわざそんなふうに卑下してみせることないと思いません？

なんでこのことを問題視するかというと、こういう精神が、自分自身や身内に対する敬意のなさにつながると思うからです。その成れの果てが、自己肯定感の低さだったり、主婦の方の地位の低さだったり、企業や部活内でのパワハラだったりするのかもしれない。

自分を肯定できないから、いじられることを極度に嫌がったり、素の自分を出せなかったりするのかもしれない。奥さんを「愚妻」と呼ぶ文化があるところで、本当に対等で尊敬・尊重し合える夫婦関係が構築できるとは思えない。息子を「愚息」と呼ぶ文化があるところで、上司や教師が息子と同じくらいの年齢の部下や生徒を大事に扱う環境なんて、つくれるとは思えないんです。

人付き合いは「アホ」でいい

たぶん、コミュニケーションをへんに難しく考えるから、おかしなことになっている部分も大きいと思います。「どう接しようか」「なにを言おうか」なんて頭でグルグル考えているうちに、結局は尻馬に乗っかることになる。それが集合体になって、よくいわれる「同調圧力」みたいな小賢しいことにつながるんじゃないかな。


人付き合いは、ごく「普通」でいい。

もっといえば、「アホ」でいいと僕は思っています。

あれこれ考えてカッコつけたり、賢く見せたりするくらいなら、「なにも考えない」くらいのほうが、簡単に素になれて、普通に人と接することができます。

思えば、僕はたくさんの人に助けられてきました。

今でもそうです。知らないことは人に聞く。できないことは人にお願いする。

言葉がわからない海外に行ったら、通訳なりガイドをつけますよね。それと同じで、できる人にやってもらうのは当たり前のこと。必要ならば、正当なお礼なり報酬を渡す。「無理してひとりでがんばってみよう」なんて、ただの時間の無駄としか思えません。

こういう話をすると、「私は人にうまく頼れないんですけど、頼るときに心がけていることはありますか？　コツは？」なんて聞かれることがあるんですが、心がけもコツもなにも……。

たぶん、頼れないという人は「ええカッコしい」なんでしょうね。「できない」と言うことに抵抗がある。でも、なんでもできるスーパーマンみたいな人なんて、いないでしょう。もしいたとしても、スキがなさすぎてかわいげがないなあと思う。それに頼られた相手だって、「あなたはこういうことが得意だから、ぜひお願いしたい」と言われたら、悪い気はしないと思うし。人って、多かれ少なかれ「誰かの役に立ちたい」という思いは持っているものですしね。へんなプライドは捨ててどんどん人に頼ったほうが、自分も周りもずっとハッピーになれますよ。

そもそも、お互い、持ちつ持たれつで成り立っているのが人間社会。かといって、「これをやってもらう代わりに、自分はこんなお礼をしよう」とか、改めて考える必要もないと思います。誰か別の人を助けてあげたらいい。これぞ、情けは人の為ならず。これぞ、善因善果。誰かに助けてもらう一方では、誰かを助けている。金八先生じゃありませんが、人というのは、本来、こうやって自然に支え合っているもんでしょ。

「仕事などの共通のテーマがない中で、どうやって初対面の人に話しかけたらいいのかわからない」という悩みもよく聞きます。申し訳ないけど、そういう人の頭の中が僕にはわかりません。僕自身は、ぜんぜんそうじゃないから。

ただ推測するに、やっぱりここにも「アホになりきれない」マインドがあると思います。たぶん、「ええカッコしたい」「賢く見られたい」「会話の最初ですべって恥ずかしい思いをしたくない」。つまりは「アホに見られたくない」みたいな気持ちがあるから、なにを話したらいいのかと迷うんじゃないでしょうか。

言い換えると、「自分を守りたい」。

相手との関係づくりを考えているようでいて、実際は自分のことしか考えていない。こういう思考が、コミュニケーションではホンマに邪魔なんです。そんな余計なことは考えずに、「普通」に話せばいいと思いますよ。

ちょっとでも相手を見ていれば、思うこと、気づくこと、いろいろあるはずです。「そのペン、使いやすそう」でも「ネクタイが素敵」でも、なんでもいい。その言葉をそのまま、相手に投げかけるだけでいい。

自分に興味を持ってもらえたら、誰だってうれしいものです。もし「失礼なことを言いたくない」と思うのなら、「その言葉は本当に失礼になるのか」「どうしたら失礼にならないか」と想像力を働かせて、考えたことを言えばいい。これだって、なにも難しいことはないはず。自分が言われたら嫌なことは言わず、言われたらうれしいことを言えばいいだけです。

こういうちょっとした思考を働かせることすら面倒だというのなら、そりゃ、うまくコミュニケーションがとれなくて当然やなと思ってしまいます。

「できないこと」は「できない」でいい

ところで、僕はバイクに乗るんですけど、最近、「リターンライダー」というのが増えているらしいです。若いころにバイクに乗っていた人が、仕事や子育てが一段落した中高年になってから、ふたたびバイクに乗りだすっていう。

ところが、聞くところによると、そこで、またおかしなことが起こっているそうです。仲間とツーリングに出かけてみたものの、バイクに乗るのが久々すぎて、あまりうまく乗りこなせない。

だったら、ちょっと全体のペースを落としてもらうとか、自分だけゆっくり走って、先のパーキングで合流させてもらうとかすればいいのに、それが言い出せない。無理してついていこうとする。

で、結局、事故を起こす。

そういったケースが多発しているそうなんです。

そんなことで死にでもしたら、まったくシャレにならんでしょ。周りのバイクや車まで巻き込んで、大事故になる危険もあります。でも、「ついていけない」って言うのはカッコ悪くて、プライドが傷つくことだから、無理をするほうを選んでしまう。

アホちゃうかと思うけど、長年の現役生活の中で、そういうマインドが育ってきてしまったんでしょうね。

そういう人が働いてきた企業って、いったい、どんなところなんだろうと思う。「できない」と言うことが許されない環境だったんでしょうか。


できないことは「できない」って、素直に言ったほうがラクです。繰り返しになりますが、できないことはできる人にお願いして、自分は自分にできることをすればいい。

仕事の場面だって同じです。そうしたほうが、より仕事が捗り、より業績も上がりやすくなり、全体にとってもいい方向につながるはずなんです。

そこで、いらん根性論をぶん回すから、たくさん働いている割に賃金が上がらないという、先進国では他に類を見ないような事態になっているんじゃないでしょうか。

「どや！」でなく「普通に」人の喜ぶことをする

世の中には、人が喜ぶことをすると損した気持ちになる人も少なくないようですね。相手を立たせるような行動をすることで、相手にマウントをとられるんじゃないかと感じるのかな？　親切にすることが当たり前と思われて、利用されるようになったら困ると感じるのかな？　逆に、相手が喜ぶことをして「どや！　うれしいやろ！」みたいにマウントをとった気になる人もいるのかもしれない。

いずれにせよ、もし幸せになりたいとか、成功したいとか思うんだったら、人が喜ぶことと、どんどんしたほうがいいと思います。

それも、「どや！」ではなく、「普通」にすればいい。デメリットなんてなにひとつない。相手と仲よくなれる、というメリットしかない。幸せになれるかどうか、成功できるかどうかは、人付き合いで大きく左右される部分も多いものです。

現に僕が知る限り、幸せそうな人や成功している人は、「人の喜ぶことをするのが好き」という共通点があるように見えます。芸能界で知り合った人も、芸能界の外で知り合った人も、みんなそう。そして、そういう人の周りには、やっぱり惜しみなく喜ばせ合えるような人が集まっていて、ものすごくいい輪ができている。

子どもを教育するときは、よく「人が嫌がることはやめましょう」と言いますが、逆の教え方をしたほうが、ずっといいと思います。

「人が嫌がることはやめましょう」でなく、「人が喜ぶことをしましょう」。

「人が嫌がることをする人はダメ」でなく、「人が喜ぶことをする人は、むちゃくちゃ素敵」。

このほうが断然、よさそうに思えませんか。

「これをしたらダメ」という禁止事項だけを伝えても、子どもは萎縮するばかりで、消極的、受動的で、自ら動くことをしないような人間になってしまう気がします。

逆に「これをするといい」という推奨事項を伝えれば、積極的、能動的で、どんどん進んで行動できる人間になると思う。自分が「いい」と思ったことを、普通にできるようになるという意味でも、ずっと前向きで健康的な教育という感じがします。

しかも、人が喜ぶことをするというのは、別に、そこまで難しいことではないんです。たとえば、自分が誰かにされてうれしかったことを、別の人にする。服装を褒めるとか、そんなところから始めてみたらいい。褒められて喜ばない人はそうそういないだろうから、とにかく恐れずにやってみてほしいです。いいと思ったことを、素直に口に出す。これだって、ごく「普通」のことですからね。

すると、自分の周りがどんどん明るくなっていきます。明るい人たちに囲まれて生きるほうが、確実に幸せでしょ。それに、そういう人間関係を築いていたほうが、チャンスなんかも巡ってきやすい。

やっぱり、まず「普通」にすること、「普通のこと」をすることが大事だというわけです。

「普通の親切」を差し出せない人たち

つい先日、ガーナに行ったときのことです。

そのころガーナは雨季だったんですが、それが日本の梅雨なんてもんじゃなくて、信じられないくらいの雨が一気にガーーーーッと降ります。舗装されていない道路だったら、ちょっとした川ができるくらい。

そんな道を現地の人の運転で走っていたら、大きな水たまりにハマって身動きがとれなくなってしまいました。そうなるともう、にっちもさっちもいかない。

「車を降りてホテルまで歩く？」「でも、歩いていくには遠いよね」「荷物もあるし、どうする？」なんて話していたら、ワラワラと人が集まってきました。

なにかと思ったら、その人たち、濡れるのもかまわず腰ぐらいまでの水たまりにジャブジャブ入って行って、せーので車を押してくれたんです。最終的には、農業用のワラを積んだユニックが通りかかって牽引《けんいん》で加勢してくれて、ようやく、車は水たまりから抜け出すことができました。

これが、その旅ではいちばん印象深い出来事になりました。

というのも、時を前後して、日本でこんなことがあったからなんです。

友だちに頼まれて、2トントラックで荷物を運ぶのを手伝ったときのこと。ナビに従って入っていった道が、めちゃくちゃ入り組んだ住宅街の細い路地で、ついに前にも後ろにも進めなくなってしまいました。

大きなトラックが身動きとれなくなっているわけだから、だいぶ目立ってしまいました。ギアをバックに入れると、ピーピーと音も鳴るし。周囲には家の窓から顔を出す人、立ち止まる人、何人かいました。

ところが、誰ひとりとして、手を貸してくれようとしません。ただ、見ているだけ。もしかすると、どう手助けしたらいいかと迷っていたのかもしれない。その可能性はあるけれども、それでも立ち止まってその場にいるんだったら、「こっち側、ぶつからないか見ときましょうか？」「まずこっちにバックして、ハンドルを右に切って……」とか声をかけたりしません？

そんな言葉はひとつもなく、黙ーって周りで見ている。あれは正直、気色悪かったな。なにが言いたいかというと、「困っている人を見かけたら、あれこれ考えるまでもなく手を貸そうとする」のが、本来の人間の「普通」なんじゃないか、ということです。

「下手に手を出したら、かえって迷惑かも」「間違った助け方をして、事態がもっと悪化したら申し訳ない」、そんな遠慮があるのかもしれません。けど、手を貸して吉と出るか凶と出るかは、どのみち2分の1の確率でしょ。だったら、吉と出る可能性にかけてもいいんじゃないかなあ。

それに、ここでの「遠慮」には、「助けようとして助けられなかったらカッコ悪い、そんな思いをするのは嫌だ」という気持ちも含まれているんじゃないかなと思うんです。要するに、保身のために「自分が手を貸したことで、相手が助かる」というほうの選択肢をとれない、とらない。

別に、「助けてくれるのが当たり前」と思っているわけじゃないんです。ただ、この住宅街での一件では、困った人を助けるという「普通の行動」が当たり前にできなくなっている人たちが多いという現実を目の当たりにした気がして、なんともさびしい気持ちになりました。


車の話をしたついでに言わせてもらうと、運転中にほかの車に道を譲ったり、車列に入れてあげたりしても、「ありがとう」のサインを送ってくる人が、最近は減ってるなあと思います。

軽く手を挙げるなり、会釈するなり、ハザードを点けるなり、いくらでもありがとうの伝え方はあるんですけどね。それどころか、車線変更をしようとすると「意地でも入れたらへん」とばかりに、無理に車間距離をつめてくる車もいる。

こういうことも含めて、ごく「普通」のコミュニケーションができなくなっている人が、今は多い気がします。

さっきのガーナでの一件を帰国後に話したときに、「それって、お金が目当てだったんじゃないの？」なんて言う人もけっこういましたが、そういうリアクションをされたときも同じように感じました。

助けてくれた人たちの中に、お金をせびってきた人なんてひとりもいませんでした。それなのに、「お金が目当てだったんじゃないか」という邪推をする。人の親切を、素直に親切として捉えられない。なんて心が貧しいんだろう、と。

とはいえ、助けてもらったあとは、こちらからお礼を渡しました。「普通」なら、みんなそうするでしょう？　相手の人たちは、腰まで水につかってまでなんとかしようとしてくれたんだから。向こうは「いらん、いらん」言うてましたけどね。

こういうことを体験すると、コミュニケーションというのも、結局は教育の問題なのではないかと感じます。

よく、「教育は文化的な再生産だ」ということがいわれます。

上の世代は、自分たちが教育されてきたように次世代を育てる。次世代も、上の世代の背中を見て育つ。もちろん時代とともに変わる部分もあるとは思いますが、大部分においては、同じようなやり方、同じような価値観が再生産されつづけている。

だとすると、どの時点からなのかはわかりませんが、日本では、「コミュニケーション下手」「ごく普通のコミュニケーションができない人」が再生産されているということなのかもしれません。

この再生産のループをなんとか断ち切って、「普通のコミュニケーション力」を磨いていかないと、ちょっとまずいんじゃないかと思います。

「普通の親切」を受け取れない人たち

前項で話した「普通の親切を差し出せない」というのは、コインの裏表のように、「普通の親切を受け取れない」ということとセットになっていると思います。

2016年の熊本地震のとき、土建の仕事をしている僕の友だちが、住宅再建のために現地に入りました。一日も早く家屋を修復するには、住人の人たちに一時的に退去してもらったほうがいい――そう考えて提案したところ、思ってもみない反応があったそうです。「私たちがいない間に、盗みとか、なにかよからぬことをするつもりじゃないか」と、あらぬ疑いをかけられてしまったというのです。しかも、ひとりやふたりじゃない。けっこうな人たちに、同じように言われたそうです。そういうわけで住宅再建は遅れに遅れ、本来なら2週間で直せるところを、1年経っても問題なく住める状態には戻りきっていない家がたくさん残っていました。

この話を聞いて、僕は思いました。

人は「自分が考えていないこと」は口から出てこないものです。

ということは、「いない間に、よからぬことをするんじゃないか」と言った人たちは、もともと心の中に、そういう発想があるということですよね。もっとはっきり言えば、逆に自分たちがボランティアの立場だったら、スキにつけ込んで悪さを働こうとするタイプなのかもしれない、と。

それは考えすぎだとしても、どうして、そんなにひねくれた見方をするのか、不思議で仕方がありません。そもそも、その友だちは仕事として行ったのであって、たとえ悪さをしたとしてもすぐバレてしまうんだから、そんなことをするはずないじゃないですか。

人の善意は、普通に「ありがとう」って受け取ればいいだけなのに……。やっぱり「普通」が通用しない日本人が増えているということなんでしょうか。


「普通の親切」を受け取れないといえば、以前、こんなこともありました。

街中で、僕の前を歩いていた女性のスカートのファスナーが下がっていて、下着が見えていたんです。

そのままじゃ具合が悪いだろうと思って、スッと寄っていって小声で「チャック、開いてますよ」と伝えたんです。すると、その女性、変態を見るような目で僕をにらんで、舌打ちをして足早に去っていきました。

いったい僕は、どうすればよかったんでしょうか。

「いずれ自分で気づくでしょ」って放置すればよかった？

でもそうしたら、その女性は、気づくまでずっと下着が丸見えの状態で歩き回ることになります。しばらくして気づいたときには、「やだ、いつからファスナー下りてたんだろ？どれくらいの人に下着を見られたんだろう？」なんてショックを受けますよね。

それでは気の毒だから、伝えたんですけどね。大層なことをしているつもりもなく、ごく普通の行動として「チャック、開いてますよ」と伝えた。でも返ってきた反応を見る限り、その女性は、ものすごく嫌だったみたいです。

僕はちょっと唖然としてから、思いました。「あの女性は、もし自分が誰かのスカートのファスナーが下りていることに気づいても、伝えずに知らんぷりをするんやろうな」って。自分自身が伝えない人だから、伝える人をへんな目で見るわけでしょ。

「普通」に考えたら、「ちょっとあんた、ファスナー開いてるで！」「きゃ、嫌だ。教えてくれてありがとう！」みたいな感じで、もっとフランクなコミュニケーションになる気がするし、そうなるのが当たり前だと思いません？

普通に想像すれば、「ファスナーが開いたままだと気の毒」と思うでしょ。教えてもらったら、「ありがとう」ってなるのが普通でしょ。だけど、そこで、気づいているのに目をそらして見て見ぬ振りをするとか、気づいて伝える人をへんな目で見るというのは……ねえ？「普通」ができなくなっている日本人が増えているのかな、と思います。

第4章

心得③
とりあえず乗っかれ！

笑え、乗っかれ、楽しめ

よく、人は年齢を重ねれば重ねるほど偏屈になるっていいますよね。

「価値観の変化についていけなくなるから」「思考力が落ちて、狭量になるから」「体力が落ちて、行動範囲が狭くなるから」など、いくつも理由があると思いますが、もうひとつ、大きな理由として「人間関係が広がらないから」というのもある気がします。

狭い行動範囲で、同世代の似たような価値観の人とばかりつるんで、新しい出会いがまったくなくて……となれば、そりゃ柔軟性もなくなるでしょう。自分とは別のものの見方、考え方が受け入れられなくなっても、不思議はありません。

その点、僕は環境に恵まれているなと思います。

芸人という職業柄、つねにいろんな人と接しているし、新しい出会いもしょっちゅうある。付き合う人たちの年代も幅広い。

行動範囲は狭くなるどころか、キャリアが長くなるごとに広くなっています。そんな中で仕事をしていると、いつも頭の中をシャッフルされているような感覚になる。だから、偏屈になっている暇がないんです。

コミュニケーション力を高めながら、もっと幸せに生きるには、まず自分が楽しめばいいと思います。

まずは、単純に「笑う」ことが大事。人にどう思われるかなんて気にせずに、笑う。

僕の家の近くに、ちょっと有名なかき氷屋さんがあるんです。人気店で特に夏は行列ができるのですが、並んでいる人の90パーセントくらいは仏頂面をしている。不思議やなーと思います。

暑い中で並ぶのは、たしかに難儀だろうとは思う。でも、どれだけおいしい店なのか知りませんけど、少なくとも並んでいる人たちは、そこのかき氷が食べたくて行列に並んでいるわけでしょ。

みんな誰に強制されたわけでもなく、好きで並んでいて、しかも、あとちょっと並んだら念願のかき氷が食べられる。だったら、「なに食べようかな〜」なんて、もうちょっと楽しげになってもおかしくないはずなのに。

なんだったら、楽しくなくても無理に笑顔をつくるぐらいでもいいと思いますよ。すると自然に気持ちが追いついて、実際に楽しくなってくることもよくありますから。

「笑いながら仕事をしたほうが捗る」とか、「笑いが免疫力を上げる」というのは、すでに科学的にも証明されているらしいです。昔はよく「歯を見せて笑うな！」なんて怒られたものですけど、そんな時代でもないですしね。

人と接するときも、「相手のことを思っているようで、実は自分のことしか考えてない」という屈折マインドで向き合うのではなく、真正面から笑顔を見せたほうがいい。そのほうが人に与える印象もずっとよくなるし、「この人はいつも楽しそうだな」と思われる人のところには、自然と人が集まっていきますから。

そして自分が楽しむには、「楽しそうなことに素直に乗っかる」こと。

たとえば、誰かが怪談を話していたら、素直に怖がる。マジックを披露していたら、素直にびっくりする。怪談は人を怖がらせるため、マジックは人をびっくりさせるためのものなんだから、素直に乗っかれば、即、自分が楽しめるんです。

よく、怪談を聞いて「そんなこと、ありえますか？」「目の錯覚でしょ？」なんてツッコミを入れる人とか、みごとなマジックを見せられても「ふん、しょせんは子どもだまし」みたいな感じでシラーッとしている人がいますけど、アホちゃうかと思いますね。その場にいる人たちの楽しい気持ちも削《そ》いでしまう。

「そんなことありえない」かもしれないけど「ありえるかもしれない」、「子どもだまし」にしても「自分にはできない」。そう考えれば、素直に乗っかることができて楽しい時間を過ごせるのに、もったいないです。

楽しみ上手で人気者の「菊池くん」

楽しむということでいうと、僕の周りで真っ先に思い出すのは、第1章の最初のほうでちょっと話に出た菊池健一くんです。

菊池くんは２０１９年まで「ギンナナ」というコンビで芸人活動をしていました。解散後、持ち前の明るさを生かして海外で事業を興そうとしていたんですけど、コロナ禍でペンディングになってしまって……。という話は置いといて、この菊池くん、行く先々で決まって人気者になります。

実は複雑な家庭環境で育ったという背景があったりもするのですが、性格は至って明るくて、初対面の人ともすぐに打ち解けるし、子どもからも好かれる。出会う人、出会う人、みんなが「菊池くん、菊池くん」と言うようになる。

僕が飲み会で誰かと引き合わせたときなんかも、すぐに「菊池くん、LINE教えて」「菊池くん、今度一緒に○○しよう」とか言われて、二次会に行くころには、もう菊池くん中心で話が進んでいく。

ほんと、すごいんですよ。僕も菊池くんは大好き。一緒にいて不愉快な思いをしたことはいっぺんもないし、菊池くんを悪く言う人も見たことがない。

こんなにも好かれる菊池くんの秘密はどこにあるのかと考えてみると、人柄がいいのはもちろんですが、いちばんは「いつも自分から楽しもうとする」ということじゃないかと思います。


たとえば、ある構成作家さんのホームパーティで、菊池くんはその人の幼い娘さんと一緒に遊んでいました。「大人同士でも話したいだろうし、子どもと遊んでたら、お酒や食事も楽しめないだろう」と、その奥さんが気を遣って、娘さんに「もう、菊池さんと遊ぶのはそれくらいにしときなさい」って言ったんですね。

そうしたら娘さんは「ええー、まだ遊びたい」と駄々をこねだした。さてどうなるかと思っていたら、菊池くん、「え、僕ともっと遊んでくれるの？　やったー」なんて言って、結局、解散になるまでずっと娘さんと遊んでいました。

それからというもの、もう何年も経つというのに、娘さんはなにかと「菊池くん、また遊びに来ないかな」と、言っているそうです。よっぽど楽しかったんでしょうね。


またあるときには、こんなこともありました。

日本の港から出発する豪華客船内で、吉本興業の芸人たちによるお笑いイベントが開催されたんです。まだコンビ解消前だった菊池くんも一緒でした。

無事にステージを終えて一息ついていると、海外のボーカルグループのパフォーマンスが始まりました。ところが、観客がほぼゼロだったんです。同じ舞台に立つ者としては、かなり、いたたまれない状況でした。

ふと見ると、誰かがノリノリで踊っています。菊池くんでした。

誰もいないフロアでひとり、歌に合わせてからだをくねらせる菊池くん。

「なんや、おまえ、なにしとるん？」って聞いたら、「だって気の毒でしょ。一生懸命、歌ってるのに。それに踊ってると楽しいいし」とかなんとか言いながら、くねくねと踊っている。

こいつはすごいな、と思いましたね。

終始こんな感じで、菊池くんは、とにかく楽しみ上手。つねに、「こうしたら楽しいやん」と、自分で楽しみ方を見つけながら行動している感じ。日本人でこういう楽しみ方をする人は、僕は菊池くん以外に見たことがないです。

楽しそうな人って、一緒にいると、こっちまで気分が明るくなるでしょ。だから、みんな菊池くんと絡みたくなるんだと思います。

コミュニケーションは会話のうまさだけじゃない。菊池くんを見ていると、つくづく「あの人、楽しそう」と周りに感じさせられることは、立派なコミュニケーション能力のひとつなんやなと思います。きっと彼は芸人じゃなくても、海外で事業をしても、成功するやろうなと思います。

「他力」を借りることに引け目はいらない

生きていくうえでお金は必要ですが、同じくらい、いや、考えようによってはお金以上に大切なのは人間関係です。「人は財産」とよくいいますが、これは決して比喩的な意味ではなく、本当にそのとおりだと思う。

人は決してひとりでは生きていけません。能力のある人は、なんでも自分でできるのかもしれませんが、やっぱり、いっさい人と関わらずに生きていくことはできない。

ましてや、自分ひとりではほとんどなにもできない僕なんて、今までどれだけ人に助けられてきたことか。「あいつがいなかったら、野垂《のた》れ死んでたかもな」という友人知人が、何人もいます。ホンマにありがたいことです。

「他力本願」というと聞こえが悪いですが、他力を借りることに引け目を感じないほうが人生は豊かになります。

いろんな人と付き合うことは、楽しいだけでなく、いろんな「他力」を借りられるという意味でも意義があると思いますよ。

「他力を借りる」というのは、なにかをお願いしたり、頼んだりしたりということだけではないんです。いろんな話を聞かせてもらったり、一緒にいろんな体験をさせてもらったりすることも「他力を借りる」のひとつ。そうすることで、自分の経験値が上がったり、人生が豊かになったりするわけですから。

僕も毎日、むちゃくちゃ楽しいですもん。いろんな職業の人と付き合っていると、芸能人をやっているだけでは知ることができないようなことも、たくさん知ることができるし、たくさん体験できる。もともと好奇心が旺盛だから、すべてが社会勉強って感じで興味深いし、新鮮でワクワクすることばかりです。

もちろん、もらってばっかり、助けてもらってばっかりではなく、自分からも惜しみなく与えようとする姿勢は大事ですけどね。

自分にできなくて他者にできること、他者にできなくて自分にできること、いろいろあるでしょ。ひとりでできることなんてたかが知れているからこそ、人の力を存分に借りて、こっちの力も貸して「持ちつ持たれつ」でやっていくと、どんどん世界が広がると思うんです。

新しい出会いをグイグイ求めに行く

人生をずっと楽しんでいくには、なるべく「新しい出会い」を欠かさないというのもひとつだと思います。

大人になると、新たに友だちができる機会が一気に減りますよね。新しい出会いというと、たいていは仕事関係。行動範囲も、家と会社の行き来をするだけになりがちです。これでは世界が広がらず、視野や思考の幅が狭くなっても、仕方がないのかもしれません。

そうならないためにも、仕事以外の場で積極的に新たな出会いを求めてみても、いいかもしれません。

ＳＮＳは匿名の誹謗中傷が行き交う陰湿な場というネガティブな一面もありますが、使い方次第では、日本中、世界中の人と交流できる場にもなります。たとえばFacebookとかで趣味のサークル活動を見つけて参加してみたり、自分で仲間を募ってみたり。

僕の場合は、第1章でも話した近所の飲食店が、新たな出会いの場になっています。

そこには、いろんな属性、いろんな職業の人が夜な夜な集まります。お店にいる時間だけを楽しむのではなく、常連客同士でゴルフやキャンプに出かけたり、バンドを組んだりと、お店の外でもよく交流しています。

偶然隣り合った人が、今まで知り合ったことのない職業の人だったりするのは楽しいですね。その人の仕事の話で盛り上がったり、新しい知識や情報を教えてもらったりと、その店ではいつも刺激をもらっています。

中には、僕とは文化的背景がぜんぜん違うというか、ものすごく上品で素敵なご夫婦などもおられる。「俺は絶対、こうはなれないな」と憧れつつ、お付き合いさせてもらっています。

仕事柄、僕は知り合う人たちの幅が広いほうだとは思います。ただ、やっぱり仕事を離れた場所での新たな出会いは、純粋に楽しい。自分とはぜんぜん違うタイプの人と話していると、すごく勉強になる。

その店はマスターがしっかりしていて気が利くので、常連客にへんな人はいません。僕が芸能人だからといって、失礼なことを言ってくる人も、下世話な好奇心を露わにしてくる人もいない。安心して、いろんな人と交流できる貴重な場になっているんです。

「ルイトモ」とか「似た者夫婦」って、いい意味でも悪い意味でも、本当だと思う。

たとえば、男性がイタリアンのお店でパスタをズルズル食べてたら、その彼女と思しき女性も、やっぱりズルズル食べているとか。お箸をちゃんと持てない人の連れ合いも、やっぱりお箸をちゃんと持てないとかね。

これ自体はどうでもいいようなことですが、要するに、人は、放っておくと自分と似たような人とばっかり付き合う傾向が強いという話です。

似た者同士なら、なにを言ってもやってもお互いに賛同し合えるだろうし、急に思いもよらぬ視点を示されて頭を使わされるなんてこともなく、心地よく過ごせるでしょうね。

でも、「似た者同士でつるむ＝接する世界が限られる」ということなので、必然的に視野が狭くなって、思考の幅も狭くなって、結局は、ちっちゃいマイワールドで生きるだけのつまらない人生になる気がする。「井の中の蛙《かわず》、大海を知らず」ってやつです。

ＳＮＳでも、僕が通っている飲食店のようなリアルな場でも、自分から求めようと思えば、新しい出会いはけっこうあるもんです。

誰でも、いつからでも、人間関係の幅を広げることはできます。なにより「楽しい」というのが、人間関係が広がることのいちばんのメリット。

次章では「情報」の重要性について話しますけど、こうして自分の接している世界が広がっていくことは、自分が得られる情報が増えるという意味でも、むちゃくちゃ大事だと思うんです。

第5章

心得④
ネット情報は二の次三の次

アルゴリズムに縛られたネットより「生身の人間」を信用しろ

僕は、情報こそが人生を豊かにしてくれると思っています。情報は役に立ちこそすれ、決して無駄になるものではないし、もっともっと、いろんなことを知りたい。

たとえば、自分が小さな村に生まれ育った場合、「ずっと村から出ず、穏やかに平和に暮らすが、外の世界にある美しい景色も、おいしいものも、いっさい知らないまま死んでいく」か、「外の世界を知って、嫌なことも大変なことも経験しながら、村以外のきれいな景色やおいしいものも楽しんでから死ぬ」か、あなたはどちらがいいですか？

まあ、人それぞれ価値観があるからどちらがいいかとは言えませんが、僕は情報をいっぱい得て、村以外の世界を知って、いろんな素晴らしさを味わってから死にたい。

「世界を知る」といっても、ネット事典やネット記事から情報を集めただけで「知った気」になる人っているでしょ。それは、やめたほうがいいと思う。なぜかというと、いちばん大きな理由は、ネットで得る情報は「自分が見たい情報」に偏るものだから。

景色やお店情報を調べるぐらいであればネットも便利ですが、なにかの知識なり知見なりを得たい場合は、危険だと思います。

たとえば、自分が「A」という意見を持ったとする。ネットで「A」についての情報を探す。するとアルゴリズムが反応して、自分のところには、「A」をサポートする情報ばかりが表示されるようになる。

そうしているうちに、世の中には「A」という意見しかない、「A」が正解だという錯覚に陥ってしまうんです。

本来ならば、「B」という意見も「C」という意見もあって、それぞれをサポートする情報を比較検討してようやく、「いろんな意見があるけど、自分はこの意見が正しいと感じる」というものが見えてくるものです。

なのに、ネットからしか情報を得ない場合、いろいろな意見に目を向けないまま（存在すら知らないまま）、ひとつに偏った考え方をするようになる。これ、むちゃくちゃ危険な状態です。差別とか陰謀論を信じるといったアホなことをする人は、だいたい、このネット社会の罠に陥っているんだと思います。

それにしても、アルゴリズムとは厄介なもんだなと思います。欲しい情報の傾向を読み取ってくれて、適合する情報を集めてきてくれるのは、たしかに便利ではある。その反面、さっきも言ったとおり危険なことでもあるし、自分の視野も広がらない。

偏った情報や見方にならないように、アルゴリズムはもっと雑でもいいんじゃないですかね。むしろランダムにいろんな情報を見せてくれたほうが、思考の幅も広がって、人類のためになる気がする。

そういうアルゴリズムを搭載しているとされるサービスが、Tik Tokです。InstagramやFacebookがきっちり練られた台本どおりだとしたら、Tik Tokはアドリブだらけ。アルゴリズムがざっくりしているのか、ランダムにいろんな人のアカウントが表示されるんです。ちょっと前に「Tik Tokのひとり当たりの視聴時間がYouTubeを抜いた」ということがニュースになっていましたけど、Tik Tokが伸びている背景には、いろいろなアカウントが飛び込んできて視聴者を飽きさせないという理由もあるのかもしれない。

きっちり見たい情報だけ送ってくる精密なアルゴリズムよりも、ざっくりしたもののほうがネット情報の罠にハマらずに済むとは思うけど、それ以上におすすめなのは、アルゴリズムのない「生身の人間」です。

いろんな人と話すと、そのぶんだけいろんな情報や意見に触れるチャンスが広がります。しかも、ネットからの情報は一方的に受け取るだけですが、生身の人間からの情報は相手と会話をしながら引き出していくものだから、コミュニケーション力も上がる。一石二鳥じゃないですか。

余談ですが、相手からいろんなことを引き出すためにも、「意見の相違」を怖がってはいけないと思う。意見の不一致を嫌うというのは日本の精神風土みたいなものだけど、早々に消し去ったほうがいいですよ。

せっかく生身の人間と話していても、意見の相違を避けて、当たり障りのない世間話ばっかりしていたら、いろんな意見に触れるチャンスが丸ごと失われてしまいます。詳しくは次章で話しますが、生身の人間と接していくうえでは、「意見は違って当然」という前提意識が大事なんです。

情報が少ないほど極端な考えに陥る

ある教育関係の方としゃべっていたら、「日本の子どもたちは、高校までは親や教師の言うことを聞け、校則を守れと言われて育つのに、大学生になったとたんに、自由にしろ、自分の進みたい道を歩めと言われる」とおっしゃっていて、たしかになと思いました。

進みたい道を見つけたり自由に生きたりするには、ある程度の思考力が必要で、思考力を身につけるには、実は訓練がいる。たくさんの情報や経験を取捨選択しながら、自分なりの答えを導き出していくことが、思考なわけですから。

それまで「言うとおりにしろ」と育てられてきたのを、いきなり「やれ」と言われても、急にできるものではありません。

要するに、日本という国は「自分で考える練習」を積む機会に乏しいんですよね。練習の機会の有無はともかくとしても、まず、思考の材料となる情報は積極的にとりに行くべきだと思います。

たとえば、昨今のマスク問題です。

風邪やインフルエンザにかかったら、マスクをつける。流行期に、より念を入れて気をつけたい人もつける。つける、つけないは、状況に応じた個々人の判断。これはずっと日本では「普通」のことでしたが、新型コロナウイルスのパンデミック時、行政からのトップダウンでマスク着用が奨励されて以来、その「普通」が失われてしまった気がします。

まだウイルスの正体がわからない、ワクチンも薬も開発されていない、という段階だったら、国民全員がマスクをつけて備えるというのは、一定の効果があったのかもしれません（ここも検証が必要ですが）。

でも、ウイルスの正体がだんだんわかってきた、ワクチンや薬もできて治療法も確立されてきた、死亡率も重症化率も低下しているという中で、なおも「マスク着用が絶対」みたいに言う人って、どうなんやろう。

僕は自分が賢い人間だとは露ほども思っていませんけど、そんな僕から見ても、正直アホちゃうかと思ってしまうんです。

状況に応じて個々人で判断するには、当然、判断基準が必要です。

その判断基準となるのが情報なわけで、自分なりにより適正な判断をするには、いろんな情報に触れなくてはいけない。これは大変といえば大変です。

逆にいえば、日ごろ触れている情報が少ない人（俗にいう「情弱《じょうじゃく》」ってやつです）ほど、極端な考えに陥りやすいんじゃないかな。

いや、極端な判断をしたい人が情弱になるのか、情弱だから極端な判断に陥りやすいのか。これはニワトリとタマゴですが、どちらが先でも悪い結果を生んでしまう。

いずれにせよ、多くの情報に触れて自分なりに考えることが大切なのに、ネット中心の限られた情報だけで判断するというのは、思考の怠慢としか僕には思えません。

ネット情報以上のリターンを得るには

世の中、知らないことが尽きることはありません。

つい先日も、僕は52歳にして、またひとつ新しいことを人から教わりました。

日本では今のところ、カジノは違法です。

でも実は、日本にも合法カジノがあるって知ってました？

「カジノごっこ」ではなく、現金を賭けるホンマモンのカジノが、東京・港区南麻布の「ニュー山王ホテル」という、戦後に接収された在日米軍の施設内にある。在日米軍の施設には日本の法律が及ばないから、オッケーなんですって。

アメリカの大使館関係者と軍関係者以外は、アメリカ人であっても立ち入り禁止。ということは、僕には一生縁のない場所ですが、そこは問題じゃありません。

もし、その人から教わらなかったら、一生、知らないままだったかもしれない。「そんなこと、別に知らなくてもいい」という人もいるかもしれません。でも僕は、そういうことの一つひとつが人生を楽しくしてくれる要素だと思っているし、自分の知見や視野を広げてくれるものだと思っています。だから、生きている限りは世の中のことをひとつでも多く知りたいんです。

しかも、「人から情報を得た」ということに意味がある。人とのコミュニケーションも楽しみながら、新しい情報をもらえるなんて、得しかありませんから。

「人間関係の幅の狭さは、そのまま情報の幅の狭さにつながる」と考えているから、なおさら「いろんな人と話したい」「知り合いたい」という欲が強いのかもしれません。

日本のカジノ話のように偶然に入ってくる情報だけではなく、なにかについて正確な情報を知りたいときも、僕はできるだけ専門の人に聞くようにしています。その道の専門家とつながっていない場合には、ちゃんとした調べものができる周りの人にお願いすることもあります。

「ネット情報は玉石混淆《ぎょくせきこんこう》」とこれだけ言われているにもかかわらず、なんでもネット事典で基本情報を得ようとする人って、まだまだ多いでしょ。僕の後輩芸人にもいます。いつも、「そんなん、誰でも書き込めるんやで」と言ってるんですけど。

僕も「このドラマ、おもしろいな。マンガ原作なんかな？」みたいなときにはネットで調べますけど、しょせん、その程度の使い方です。

あと、ネットだと、意外と自分が知りたい情報まで辿り着けなかったり、ニッチな情報だと見つからなかったりということも多くないですか？

そんなときにも、「人」からの情報は重宝しますよ。「質の高い情報をどれだけ持っているかが、これからの時代を生き抜くカギになる」なんてことがよく言われますけど、誰もが検索できるネット情報よりも、その人だからこそ知りうるナマの情報をどれだけ持っているかというほうが強いと思う。

実は、僕も、ナマの情報を持っていなかったことで失敗したことがあります。

かつて、居酒屋を経営していたときのことです。僕の店と知人が経営している居酒屋は、同じ酒屋さんからアルコール類を仕入れていました。ところが、あるときその知人と話していたら、うちよりも安く仕入れていることがわかったんです。

知人の話を最初から聞いていたら、その知人を介して、同じ値段で仕入れさせてもらえないか交渉できたかもしれない。

あるいは、もっといろんな酒屋さんに連絡をとって値段を比較検討していたら、さらに原価を低く抑えられたかもしれない。

どれも「かもしれない」の話です。ただ、実際どうなっていたかは別として、そこで僕は改めて「人」から入ってくるナマの情報の重要性を実感しました。有益な情報を得るための、さらに情報を得て利益につなげるための「交渉をする」というコミュニケーション能力が、僕にはまだまだ足りていなかった。事業の責任を負う経営者としては、大いに反省しました。

こういった失敗を経験したからこそ、「コミュニケーションのチャンネル」をどれだけ多く持てるかが、この厳しい生存競争の中ではものすごく大事なんだと実感できているんです。

人に聞くだけじゃなく、自分の身をもって体験することも、もちろん大事だと思う。

僕は、海外ボランティアの人たちの講演活動の支援などをする一般社団法人を運営しており、いっとき、それを公益社団法人にしようと考えたことがあります。そのほうが、寄付してくださる方々にとって税制上いいから、という理由で。

いろいろな手続が必要だろうとは思っていましたが、実際にやってみると想像以上に大変で。結局のところ、現在の僕らの活動実態では、公益社団法人にできないということがわかったんです。

理由はこうです。僕たちは、寄付者のみなさんからお預かりしているお金を、活動資金に当ててきました。自分たちは手弁当で、まったくの無報酬でやってきました。

僕らからすれば、「がんばってる人をサポートしよか」という気持ちで、そもそも報酬なんて得るつもりはなかったんですが、実は、ちゃんと帳簿的に収支が成立していないと、公益社団法人になる要件を満たせないんだそうです。相談に乗ってくれた人には、「こんな、自分たちを犠牲にしているだけの帳簿じゃ、無理ですよ」と言われてしまいました。

それまで知らなかったんですけど、公益社団法人というのは、要は会社と同じなんです。活動を事業として、事務所の家賃がいくら、その他の経費がいくら、人件費がいくら、収入がいくらで、結果、利益が出ていなければ赤字企業と同じだから、公益社団法人として認められないわけです。

社会の仕組みについても、まだまだ知らないことがあるもんです。

僕たちは素人集団だから、こういうことも「やってみよう」と思い立ち、実際に動いてみなければ、知ることはできませんでした。いや、もしかしたらどこかで、そういう情報は目にしていたかもしれない。ただ、その当時の自分にはあまり関係のない情報だったから、脳を一周しただけで、そのままどこかに飛んで行ってしまったのかもしれません。「自分事じゃない情報」って、そういうもんでしょう？

実体験で得た情報と単に見聞きした情報とでは「濃さ」がぜんぜん違うし、体験して自分事になった情報は脳への定着率も高まるだろうし、付随する情報にも敏感になるでしょう。それを人に話すとなると、話すときの言葉選びや熱量なんかもぜんぜん違ってくるから、聞いている相手の反応も変わるでしょう。

そう考えると、スマホの画面をじーっと見つめているだけというのは、ますますもったいなく感じる。自分の興味に従ってどんどん行動したほうが、はるかに毎日が刺激的になると思いますよ。

なんてエラそうに言いましたけど、僕は「公益社団法人っちゅうのにしたら、どうやろか」と思って、いろんな人に聞いて回っただけで。小難しい書類仕事なんかを実際にやってくれているのは、仲間たちなんですけどね。

僕を神輿《みこし》にかついでくれて、僕のアイデアに乗ってくれて、実働部隊として動いてくれる人たちがいるから、「一介の芸人が、一般社団法人を運営する」なんていうことができているわけです。

なるべく人に頼らず、自力でできることをしながら生きていくのもいいでしょう。孤独に生きるのも、ひとつの選択肢かもしれない。

だけど、ひとりでできると思うことでも、ほんのちょっとだけ人の知恵や労力を借りることで、できることや体験できることの幅がぐんと広がるものです。それを可能にするのが、コミュニケーションなんですよね。

ちょっとでも思い立ったら、なんでも人に聞いてみること、自分の手で触れてみること、やってみることが、すごく大事だと思う。面倒くさいし大変かもしれないけど、そのぶん大きなリターンが必ず得られるんです。

実体験の多さは選択肢の多さにつながる

まあ、これは失敗談なんですけど、実体験の大切さについてのエピソードをもうひとつ。

ずいぶん前に、友人たちと一緒に宮古島に行ったときの話です。地元の居酒屋で飲んでいたら、たまたま隣の席にいた若い男性が、しょんぼりした感じでひとり酒をしてました。「なんや兄ちゃん、ずいぶんしょぼくれた顔して、どうしたん？」なんて話しかけると、彼は宮古島に赴任したばかりの不動産営業マンだという。

その日も担当する物件をいくつか回ってみたけれども、とうてい買い手がつかなそうな物件ばかり。それで途方に暮れて、ひとりしょんぼりと酒を飲んでいたというわけです。

なんだかかわいそうになってしまったのと、酔った勢いも手伝って、その場で「よっしゃ、俺らで一軒買うたるわ」という話になりました。酔った頭で決めたこととはいえ、当時の宮古島の物件はそれほど高くはなく、３人でお金を出し合えばそこまで大きな出費にはならないし、宮古島に別荘を持つのも悪くないと思ったんです。で、すぐに契約を済ませました。

それから十数年後。宮古島の人気が高まり、ちょっとした不動産バブルが起こった時期がありました。相場がずいぶん高くなっていたのと、あまり使ってなかったこともあり、あのとき買った物件を思い切って売ることにしました。

ところが、です。いざ売るために審査に出したところ、なんとその物件、実は違法建築で値段をつけることができない、ということがわかりました。もう買い手も決まっていたというのに……。

という残念な話があったんです。

あの居酒屋で出会った兄ちゃんに悪意があったのか、僕らはだまされたのか。今となってはわかりません。

けど、僕としては、憤りよりも「へえ、そうなんか。勉強になったわ」という気持ちのほうが断然、強かった。もし、「違法建築物は売り物にならない」ということを知らないまま、もっと年を取ってから、インチキ物件を「終《つい》の棲家《すみか》にしよう」と決めて高値で買っていたら、そこで大失敗していたかもしれない。

それを考えれば、１回こういう体験をして、注意すべき点をひとつ知ることができただけでもよかったな、と。ま、こうしてネタにもできていますしね。

ネットで検索すれば、「不動産を買うときの心得」みたいな情報は、いくらでもヒットすると思います。でも、ネットの情報を読むのと、体験して身をもって学ぶのとでは、やっぱり記憶への残り方が格段に違う。我が身をもって学ぶというのは、それだけ大きなことなんです。

実体験の多さは人も惹《ひ》きつける

さっきもちらっと言いましたが、自分が持っている情報を人に話す場合なんかも、実体験に基づく話だと、相手が感じる重みや信ぴょう性が違います。もちろん、自分も自信を持って話せます。だから、僕が人に発信する情報も、実体験に基づくもののほうが多いと思う。

つい先日も、ある後輩芸人が「兄さんは将来的に、海外でどこか住みたい場所ってありますか？　僕はタイがいいかなって思ってるんです。プーケットとか」と言ってきました。思わず「タイやったら、俺はプーケットよりもクラビのほうがいいな」と言ったら、「クラビってどこですか？」と。

おかげさまで、僕はテレビ番組の仕事であちこち海外に行かせてもらっているので、体験に基づく海外情報がけっこうある。だから、「将来的にどこに住みたいか」と考えた場合にも、人より選択肢が多いのかもしれません。そこは素直にありがたいなと思う。

ちなみに、僕が答えた住みたい場所は「ブルガリア」。後輩は「まさか、ブルガリアが出てくるとは思わんかった」と言ってましたけど。なぜブルガリアがいいかというと、EUの中で1、2を争うくらい生活費が安く済むこと、食べものがおいしいこと、何百年という歴史のある街並みが美しいこと、親日的な人が多いこと、などが理由です。あ、きれいな女性が多いっていうのも大きいかな。とにかく、いいとこなんです。

ブルガリアというと、日本人は「元大関の琴欧洲」「明治ブルガリアヨーグルト」くらいしか思いつかないかもしれないけど、ブルガリアの人たちには、こっちがびっくりするくらい日本のことを知っている人や、親日家が多いんです。だから日本人にとっては、暮らしやすい国ではないかと思う。

街並みの話をすると、日本は木造建築が多いから、老朽化とか焼失したものを修復したり、建て替えたりしますよね。金閣寺だって、いったい何回修復されていることか。厳密な意味では、もう当時の姿ではないわけです。

その点、ブルガリアは……ブルガリアだけでなくヨーロッパ全体ですけど、石造りの建築物がほとんどなので、文化遺産レベルの建物が普通に住居や店舗として使われています。道路だって「この石畳の道は、マリー・アントワネットがフランスに嫁ぐときに通った道です」みたいなのが、人々の生活に溶け込んでいる。千年以上前につくられた舞台の上で、普通にヨガマットを敷いてヨガ教室が開催されている。

日本人の感覚からすれば、「こんな貴重な歴史的建造物、ちゃんと規制線を張ったりして保護しなくていいの？」って思ってしまうレベルなんです。

「だから日本はダメだ、だからヨーロッパはすごいんだ」なんて言いたいわけではないし、海外のすごさに触れて、日本嫌いになってほしいわけでもありません。

そういった文化の違いを目の当たりにすることは、単純に刺激になるんですよね。よく「大きな海を見ると、自分の悩みなんてちっぽけなもんだと感じる」なんて言いますけど、それと似ている。「ああ、世界と日本って、こんなにも違うもんなんやな。日本の考え方だけにとらわれるのはもったいないし、そんな必要もないな」と思えて、なんか元気が出るんです。

うん、日本のことしか知らないのは単純にもったいないし、見たことのある世界が狭かったら、視野も思考の幅も狭くなる気がする。

つい、話が広がってしまいました。でも、情報、とりわけ実体験から得られた情報は、自分の世界を大きく広げてくれるものです。チャンスがあれば、いろんな地域に触れに行って、いろんな国の人たちとコミュニケーションをとったらいいんじゃないでしょうか。幸いにして、あちこち行かせてもらっている僕自身の体感として、すごくそう思います。

なんていったって、日本のパスポートは「世界最強」ですしね。ビザなしで世界190以上の国や地域に行けるのは、日本のパスポートだけ。利用しないのは、それこそもったいないですよ。

外へ行くときこそ「郷に入っては郷に従え」

海外の話になったので、もうひとつ。海外に行くとき、僕がなにより心がけているのは、「郷に入っては郷に従え」です。

日本人は日本に来ている外国人にそれを求めがちだけど、自分たちが海外に行くときにこそその精神を持っていくことが、大事だと思う。外から来る人たちに強制するのではなく、自分が外に行くときに心がけようというのが、「郷に入っては郷に従え」における真意だと思うんです。

「郷に入っては郷に従え」を実践するには、もちろん事前の情報収集が大事です。その国の人たちの生活空間にお邪魔させてもらうわけだから、最低限のマナー、ルールは情報として得てから行くこと。でないと、思わぬところで意図せず無礼を働き、コミュニケーションが遮断されてしまいかねません。

もちろん、すべてを完璧にすることはできませんよ。でも、向こうだって「この人は外国人だ」ってわかっていますから、そこまでは求めません。

ただ、最低限のことを実践して、「あなたの国のマナー、ルールを守ります」っていう誠意ある姿勢を見せることが、現地の人とのコミュニケーションをうまくいかせる最大の秘訣《ひけつ》。いくつもの国に実際に行ってきた身として、これは断言できます。たとえば、イスラム圏の国では肌の露出を少なくするとか、インドでは左手が不浄とされているので、食事のときなどは右手を使う、とかですね。

かくいう僕も、以前インドネシアのロケで現地のコーディネーターさんの頭をツッコミのつもりではたいて、大ごとになりかけたことがありました。現地では、人の頭を触ることはご法度《はっと》だったんです。

こういうことを言うと、「じゃあ、変わった現地の風習とか食べものでも受け入れろということですか？　どうしても無理なものでも？」なんて聞いてくる人がいますけど、愚問ですね。

逆の立場で考えてみたら、簡単にわかることです。

外国からのお客様を、自宅に招いたとします。

その人に、「日本の伝統食です」と言って、いきなり「納豆」を出したりしますか？「これが伊豆大島の特産です」なんて、いきなり「くさや」を食べさせようとします？

普通の神経だったら、お客様に対して、そんな嫌がらせに近いことしないでしょ（カメラが回っていたら話は別ですが）。

海外で日本人を迎えてくれる人だって、同じです。もし、現地特有の食べものなんかを出されたとしても、相手は「こんなんもあるで、試してみ」ぐらいのつもりのはず。「ムリムリ～！」みたいな少し大げさなリアクションをとれば、その場も笑いで和むと思いますよ。

言葉の壁があるから難しい？　そんなん、思い込みです。

「日本人は英語に対するコンプレックスが強い」なんて言われていますが、僕からしたら、それも「ええカッコしたいけど、できない自分が恥ずかしいから、黙っているだけ」。言葉だけの問題じゃなくて、メンタルの問題でもあると思うんです。

相手だって、こちらがネイティブじゃないことくらい、わかっています。

ゆっくりしゃべってくれるし、こちらがなにかを伝えようとしていたら、丁寧に耳を傾けて理解しようとしてくれますよ。それに、今はグーグル翻訳という便利なツールもある。完璧にしゃべろうとする必要なんてないんです。

要は、最低限の礼儀を踏まえたうえで、「相手とコミュニケーションをとろう」という姿勢を持つことが大事だと思う。初対面のマサイ族と打ち解けた僕が言うんやから、これも間違いない。

もちろん深い話まではできませんが、旅先での会話ではそこまで求めないでしょう。やっぱりここでも、「楽しもう」という気持ちを持って接すればいいんです。

だから安心して、「郷に入っては郷に従え」精神で、どんどん海外に行ってみてほしいと思います。ネットで見るだけじゃなくて、実際に行ってみる、現地の空気に触れてみる。実体験をもって自分の世界を広げるのはいいもんだ、と実感してほしいです。

仕事上の「情弱」を解決するには

現代を生き抜くためには、より多くの情報を得て、より広い視野でものを考えられるようになることが必須です。このことは一個人だけでなく、企業全体にも言えることだと思います。

僕、前々から思ってたんですけど、企業の「社員割引」も見直したほうがいいんじゃないですかね。

自社の製品やサービスを割引価格で利用できる「社員割引」。社員への福利厚生であると同時に、実際に自社のサービスなどを使って、そのよさを周りの人へ広めてもらう狙いもあるそうですね。

でも、社員一人ひとりがより多くの情報を得て、より広い視野でものを考えられるようになって、その企業全体のビジネスの発展につなげるためには、あまり理にかなっていないように感じます。

むしろ、他社の製品購入やサービス利用にかかる費用の一部を、会社が負担するようにしたほうがいいんじゃないでしょうか。

だって、すでに知り尽くしている自社の製品やサービスを使っても、別に大きな発見なんてないでしょ。それでも「割引価格で買えるから」という理由だけで自社のものばっかり使っていたら、視野は広がるどころか、どんどん狭くなる一方じゃないですか。

そこで、会社から「費用の一部を払ってあげるから、他社の製品やサービスを使ってみなさい」って言われたら、どうなりますか。

どんどん他社のものを使うことで、いいところは学び、悪いところは戒めにできるはずです。まさしく、「より多くの情報を得て、より広い視野で考えて、それを自社の製品やサービスの向上に生かす」ということができるようになるはずです。周りの人に自社商品を勧めるときだって、「この前はA社の製品を使ってみたんだけど、○○のところがイマイチだったから、やっぱりウチの製品のほうがいいと思う」と話したほうが、説得力があるじゃないですか。

たとえば、JALのCAさんは、ANAに乗ったほうがきっと発見が多いだろうし、ANAのCAさんは、JALに乗ったほうがきっと発見が多いと思う。どちらが優れていてどちらが劣っているかということじゃなくて、客観的な立場で同業者の仕事ぶりを見ることで、いろいろ学びがある。

という、ごく単純な話なんですけど、なぜ、こういう戦略をとる日本企業の話を聞かないのか、不思議でなりません。わざわざライバル会社のためにお金を落とす必要はない、っていうことなんでしょうか。

また、プロとして仕事をまっとうするためには、情報のアップデートは欠かせません。

今なんて、仕事で使うツールなんかの流行《はや》り廃りも速いから、つねに最新のものに目を向けていなくちゃいけない職業がほとんどだと思う。

そんな中、先日ある土地でタクシーに乗ったら、カーナビがついていなくてびっくりしたことがありました。

思わず「運転手さん、今どきカーナビ入れずにやってるんですか？」って聞いたら、「会社からは入れろって言われるんですけど、そういうの好きじゃないから」と。

なるほど。長年培ってきた経験と勘だけで運転する、それこそがプロフェッショナルですよね……って、いやいや！　あなたの好き嫌いではなく、お客さんのことを考えたら、仕事の質や効率を上げることを優先させるのがプロでしょ！　それをしないのは、情報をアップデートするのも、なにかを変えるのも、面倒くさいだけだからでしょ。好きだとか嫌いだとか、個人的な好みなんて、言っている場合じゃないでしょ。

せっかく、仕事の効率も質も上げてくれる便利なツールがあるというのに、それを「嫌いだから」で拒否するのは、プロ意識どころか、職務怠慢でしかないと思うんです。

年の功とか、長年の経験や勘も大事。それも確かです。

でも、そういうのは「今」のツールなりと併用することでこそ、より生きるものだと思うんです。「ナビはこの道を右に行けと言ってるけど、この時間だったらいつもまっすぐ行ったほうが早い」とかね。

最新の技術に自力で追いつけないんだったら、周りに聞きながら情報をアップデートすればいいだけの話じゃないですか。「今」の技術をいちばんよくわかってるのは、生まれたときからデジタル機器に囲まれてきた若い世代でしょう。自分から聞きさえすれば、いくらでも教えてくれる若い人がいるはずです。

「若いもんに教えを乞うのはカッコ悪い。プライドが許さない」みたいに思っているんだとしたら、それこそカッコ悪すぎます。そんなへんなプライド、クソの役にも立たないと思いますけどね。そういう人は仕事以外のことでも同じように考えているだろうから、どんどん時代に乗り遅れて、孤独になるだけ。

僕は思ったことをすぐに口に出してしまうので、「いや、それはプロとしてあかんでしょ。カーナビくらい入れなくちゃ」と言ったら、その運転手さんは、ずっと苦笑いしていましたけど。

今ごろどうしてるかな。あの様子じゃ、たぶん、まだ入れてないんじゃないかな。

第6章

心得⑤ ケンカ上等！　人は違って当たり前

価値観や意見は違って当たり前

昔から、「政治と宗教とスポーツの話はするな」なんていいますよね。人間関係の知恵として伝わってますけど、僕はこの考え方自体、かなりおかしいんじゃないかと思います。

政治的信念、信仰、ひいきチームが違う人とは仲よくなれない、もめごとのタネになる。だから、そういう話題は最初から避けようね、ってことでしょ。要するに、意見や立場の違いを「悪いこと」とする前提条件がある。

そして、意見や立場が異なることをよしとしないというのは、裏を返せば、意見や立場が同じ人としか付き合わないということ。

最初からコミュニケーションの可能性を閉じている、ものすごく狭量で閉鎖的な考え方だと思います。意見の交換や議論というコミュニケーションを、あらかじめ排除しようとしているわけだから。

僕のフランス人の知人なんかも、日本人は「相手と違う」こと自体を嫌うから、コミュニケーションをとるのが難しいっていつも言っています。

海外育ちの人と話していても、「日本に帰ってきたけど、周りの人たちがほとんど意見を言わないから、なにを考えているのかわからなくて気味が悪い」と聞くことが多いですね。「帰国子女あるある」なのかもしれません。

僕には、こんな経験があります。

海外のホテルで、白人のご夫婦とすれ違ったときのこと。旦那さんはにこやかに〝Good morning.〟と挨拶してくれたんですけど、奥さんのほうは僕を見て明らかに嫌な顔というか、見下すような態度をとってきたんです。

夫婦でも、こんなに有色人種との接し方が違うことがあるんやなと思いました。それでも、見たところ夫婦として何十年も連れ添ってきているようですから、この相違点とは別の点で強く結びついてるんでしょう。

「あなたと私は、ここが違うよね」という事実をシンプルに受け入れたうえで、関係を育んでいる。「君には少し有色人種を見下すところがあるから、一緒にいられない」とシャットアウトすることはないし、「君もすべての人種と対等に接するべきだ」みたいに自分の価値観を押し付けたりもしないわけです。

そう考えてみると、よくいう「価値観の相違」という離婚理由も、ひょっとしたら、「身近な人間とは価値観が同じで当然」と考える日本人に特有のものなのかもしれません。

人間、意見や立場は違っていて当たり前です。100パーセント相手を理解することもできなければ、価値観が100パーセント合致することもありえない。

互いに政治的信念や信仰やひいきチーム（もちろん、それだけに限りませんが）が違うかもしれないということをごく当然のことと捉え、もちろん、違うからといって相手を否定せずに、どう付き合っていくか。

相手の意見や立場に耳を傾け、自分の意見や立場も伝える中で、「そうか、そんな考え方もあるのか」「今まで嫌いだったけど、そういういいところを知ったら、ちょっと好きになった」などと思ったり、思わせたりすること。

こんなふうに、それぞれ意見や志向が異なる人同士で会話を交わすことで、視野が広がったり、今まで知らなかったことを知れたり、自分がちょっと成長できたりすることこそ、人間関係の真骨頂であり、人とコミュニケーションをとる最大の意義じゃないかな。

そういう可能性を、あらかじめ排除する傾向が日本人に強いのだとしたら、かなりまずいことだと思うんです。

小さな村で生まれ育ち、気心知れた人間関係の中でほとんどを過ごして、死んでいく。そんな人生もあっていいでしょう。

でも、日本人の大半がそうだとしたら、ちょっとこの国の将来が心配になりません？ひと昔前ならともかく、今は、自分さえ手を伸ばせば、いろんな情報にアクセスできるし、世界中の人たちとつながることもできます。すでに世界の人たちが国境も主義主張の違いも超えてじゃんじゃんつながり合い、主張が異なる場合も対話することでなんとか落としどころを見つけていこうと努力している中で、日本人だけがそこを避けているようでは、世界に取り残されて落ちぶれていくだけ。もっといえば、世界に飲み込まれてしまうんじゃないかと、怖くなってしまうんです。

クレームは「未来への投資」である

一部のクレーマーといわれる人を除き、クレームはつけるほうも受けるほうも嫌なものだと思われがちです。でも僕は、お店に言いたいことがあったら、ちゃんと面と向かって言ったほうがいいというスタンスです。

なにも、お詫びとして別のサービスを受けることを期待してるわけではありません。「気づいたことを伝えることで、そのお店がもっとよくなる可能性があるから」というシンプルな理由です。

そのお店がもっとよくなったら、僕もハッピー、お店もハッピー。それに、ほかのお客さんたちもハッピーです。

もちろん、僕の言い分が100パーセント受け入れられるとは限りません。お店からしたら、僕のほうが間違っていると思われる可能性はある。でも、なにも言わなかったら、そのお店と僕の関係がつづく可能性も、お店のクオリティが上がる可能性もゼロでしょ。

だったら、思ったことは伝えることで、みんながハッピーになれる可能性に賭けたいというのが僕の考え。だから、僕の言い分がお店にとって「ちょっと違うな」と思ったら、「これこれ、こういう考えがあってのことなんです」と伝えてほしいんです。そこで、「なにを―!?」とはなりませんから。

クレームとは、お互いのために言うもの。ちょっと大げさに表現すれば「未来への提言」であって、相手を不快にさせるために言うもんじゃないんです。

そこのところがうまく伝わらなくて、「すみません、すみません」と、ひたすら謝られてしまうこともあります。たぶん「なんか知らんけど怒られた。とにかく謝って、その場をしのごう」っていう考えが働くんでしょう。

個人店などでなく企業でも、「とにかく謝って、現場だけで事を収めよう」とするケースは多いんじゃないかと思う。

本当にやらなくちゃいけないのは、お客さんの言い分を理解して、ちゃんと上司に報告して、建設的な対策を練ることなのに、「自分にクレームが入ったことで、上司は自分をダメなやつだと評価するんじゃないか」ということばかりを気にしてしまう。視線がお客さんでなく、自社の偉い人のほうを向いているわけです。

そういう現場が大半だとしたら、現場にクレームを入れること自体、得策ではないのかもしれません。できれば社長、じゃなかったら役員クラスと、できるだけ上の人に直接言ったほうが、話が早いこともあるんですけどね。まあ、そうすると、「すぐに『上のやつを出せ』という厄介な客」みたいに見えるんかな。

逆に、クレームを入れられる立場になったときには、「ヤバい」「恥ずかしい」という気持ちをいったん置いておいて、ひとまず相手の言葉にちゃんと耳を傾けてみたほうがいい。でないと、ひょっとしたら自分や自社の成長につながる好機だったかもしれないのに、その可能性を自分で閉ざすことになってしまうからです。万が一、相手が理不尽な要求をして脅したり暴れたりするようなクレーマーだったら、そのときは遠慮なく警察を呼んだらええと思います。

「はっきり言わない美徳」なんてクソくらえ

クレームを入れるときにも、もちろん多少の気遣いは必要ですよ。

たとえば、よく行く飲食店の料理の味が、あるとき、明らかに落ちていたとします。でも、「まずかったです」なんてそのまま伝えるのは、さすがに配慮がなさすぎる。僕だったら、「あれ？　ひょっとして料理長の方、変わられました？」「なんか、味が変わった気がしたから」みたいに伝えるかな。

クレームというとネガティブな意味にとられがちだけど、別に僕はお店の人を傷つけたいわけでも、文句を言いたいわけでもない。単に、味が変わったという事実、客である僕が違和感を抱いたという事実を伝えたいだけ。なので、その目的に適った言い方を選ぶようにしますね。

そのあと実際どうなるかは、お店の人たち次第。もう1回行ってみて、もとの味に戻っていたら、「よかったな」と思って以前のように通う。変わっていなかったら、もう通わない。それだけのことです。

いちばんよくないのは、その場ではなにも言わずに、あとからレビューサイトとかに「最近、味が落ちた」「今日はまずかった」とか書き込むこと。

「これもお店の人に伝えることにつながる」と思うかもしれないけど、ネットは幾万の人が見るものです。まずはお店にだけ伝えればいいことを、いきなり衆目にさらすのは乱暴だし、やっぱり卑怯だと思う。

飲食店の例を出しましたけど、これは近しい間柄でも同じです。

友だちに対して、ちょっと思うところがあったとする。でもずっと言えずに、そのうち付き合うのが嫌になって、疎遠になってしまう。そんな人も多いみたいですね。

はっきり言っていたら、相手も理解してくれてもっといい関係になれたかもしれないのに、もったいない。

「以心伝心」「秘すれば花」「言わぬが花」なんて言葉もあるように、日本人にははっきり言わないことを美徳とする考え方もあるようです。けれども僕は、そんな美徳に用はありません。

なにしろ無神経なもんで、「嫌だ」と思ったら「嫌だ」と言う。「それって、どうなん?」と思ったら「それって、どうなん?」って言う。「おまえ、アホやな」って思ったら、「おまえ、アホやな」って言う。自分の気持ちは言葉にしないことには伝わらないと思っているし、「わかってくれるよな?」と相手に期待するのもおかしいことだと思うからです。

そういう物言いで、ときには思わず「いらんこと」を言って、相手を傷つけてしまうこともあるかもしれない。

でも、僕の物言いのせいで角が立ったときに、自分なりにしっかり謝るなり真意を説明するなりして、反省もして、リカバーに努めてもダメだったら、もう、それまでの関係だったと思うしかない。

はっきり言わなければ、問題は解決しないかもしれない。はっきり言うことで、関係がこじれることもあるかもしれない。どちらにしたって、リスクはある。それだったら、いつまでもグジグジと考えないためにも、自分が納得するためにも、自分の気持ちははっきり伝えたい。

どう考えても、「はっきり言わない美徳」という選択肢は、僕にはないんです。

トラブルはあえて大きく

もっといえば、自分の筋を通したい場合や、人付き合いでトラブルになりかけたときなんかには、あえて「事を大きくする」ようにしています。

昔、マンションに住んでいたときの話です。僕が帰宅すると、ドアに「いつも○時ごろうるさいので、静かにしてほしい」と書かれた紙が貼ってあった。奥さんに「こんなん、貼ってあったで」と見せると、びっくりした奥さんは「それは申し訳ない！」と慌てました。でもよく見ると、うるさいと書かれていた時間は、我が家は完全に寝ている時間なんです。「よその家と間違えているんじゃ？」ということで、僕が張り紙をした人の家に行って、「すみません、この紙が貼ってあったんですが、うちはこの時間、いつも寝ているんですけど」と伝えたんです。するとその方、「え？　私がウソついているって言うんですか？」と一歩も引こうとしない。

なので、僕は「なるほど。だとしたら、このマンションはきっと違法建築ですわ。部屋と部屋との間が空洞になっていて、それで音が響いてしまっているということじゃないですかね」「そうとなったら、さっそく被害者組合をつくりましょう。最初に違法建築に気づかれたあなたか、あなたのご主人が会長になってください。僕、副会長やりますわ。明日、管理会社に連絡しますし、マンション内でも協力してくれる住人を探してみますから」と言いました。

最後には、その奥さんが「もういいですから」「大丈夫ですから」と折れて、話は終わりました。

もめごとって、みんななるべく穏便に、小さく済ませようとするでしょう。実際は、逆にしたほうが早く解決すると思います。子どものころからそういう考えで、「先生のやっていることはおかしい」と思ったら、周りの子に「おかしいと思わへん？」と呼び掛けて行動を起こすということもしていましたね。

今でも、もめそうになったり、問題が起きそうになったりしたら、「僕はこうしたらいいと主張しましたよ、覚えておいてくださいね」と周りの人を巻き込んでいます。

ちなみに、こう考えるのは僕だけではないようです。アメリカ元大統領のアイゼンハワーさんも、「問題を解決できないのなら、むしろ問題を大きくすればいい」という名言を残しています。

うまくいかなかったときのリスクも考えると諸刃の剣ではあるのですが、「自分としては、ここは譲れない」という場合には試してみる価値はあると思いますよ。


さらに、無事に解決したあかつきには、笑顔で「ありがとう」。

「ありがとうは魔法の言葉」なんていいますけど、そのとおりです。

この前、電化製品の不具合があって、カスタマーセンターに電話したんです。ですが、対応してくれた人のもの言いが「それはどういうことですか？」「そのお話は先ほど伺いました」「今はその説明ではなく、〇〇だけの説明をしています」といった感じで、わりと強めだったんです。僕もちょっとイラっとはしましたが、その人が指示する手順どおりに操作していくと、不具合は解決した。

「あ、直りました」と伝えると、相手は「それはよかったです ぅ。このたびは、大変なご不便をおかけいたしました。いつもご愛用いただき、ありがとうございます。これからも、私どもの製品でいろいろお楽しみくださいね！」とものすごいエエ感じの対応に変わって、会話は終了しました。

また別の日に、タクシーに乗ったんです。いつものように運転手さんとたわいもない話をしていると、その運転手さんが「ちょっと私のグチ、聞いてもらっていいですか？」と言ってきた。いわく、最近は運転やルートに口を出してくるお客さんが多くて、「この道は混んでるから通るな」「遠回りするな」だのいちいち言ってくるので、イライラしてくると。「でもね、みんな最後に必ず『ありがとうございました』って丁寧に降りていくんですよ。ありがとうって言われてるのに、こっちがキレるわけにもいかないでしょ。このモヤモヤ、どうしたらいいんでしょう？」って。

カスタマーサービスの一件もあったばかりだったから、思わず「それ、ものすごくわかるわ！」って共感しましたよ。「『ありがとう』って、ズルいよな！」って。

事を大きくして自分の主張を通したあとは、笑顔で「ありがとう」。これで、万事丸く収まります。

卑怯者大国ニッポン

誹謗中傷は海外でもあるけれども、日本は特に匿名性が高い。そこが卑怯だと思います。

「Twitter社を買収したイーロン・マスクも「Twitterは日本中心だ」と発言していますし、「Twitterが使える国で匿名アカウントの割合がいちばん多いのも、日本なんだとか（他国は30〜70パーセント。日本は80パーセントほど）。

同じ日本人としてこんなことは言いたくないけど、性根が卑怯者と証明されてしまっているような気がする。顔も名前も出している人に向かって、匿名という安全圏からひどい言葉を投げつけるなんて、卑怯者のすることですから。

池袋の自動車暴走事件でも、奥さんと娘さんを亡くした方に対して、口に出すのもはばかられるような誹謗中傷を書き込んだことが、裁判になりましたけど……ほんと、なんなん？　全員、顔と名前を出して同じこと書いてみいや、できひんやろ！って思います。

もし自分が書いたことが世間に知られたら、友だちや仲間から白い目で見られるようになって、関係修復はそうとう困難でしょうね。もしかしたら一生、「あいつは、あんなひどいことするやつだ」と後ろ指をさされつづけるかもしれない。でも、ひどい言葉をためらわずに何度もしつこく送る人間だから、周りから後ろ指をさされていることや、仲間がどんどんいなくなっていることにも気づかんのかもしれんけど。

とにかく、誹謗中傷はそれだけ反社会的な行為ということです。

匿名だから捕まりづらいだけ。とはいえ、最近は、匿名アカウントが特定されて、訴訟に至るケースも出てきています。Yahoo!のコメント書き込みにも、携帯番号の登録が必要になりましたしね。日本のネット上のコミュニケーションが少しでも改善するなら、そういう法整備や仕組みづくりは、どんどん進めてほしい。

もちろん、文句を言うなというわけではない。ただ、意見とか不満とかでなく、相手の名誉や人格をただおとしめるようなことを、しかも匿名で言うというのが、卑怯すぎる。陰険すぎる。文句があるなら、自分も顔と名前を出して堂々と言ってみろという話です。

実は海外でも、こういう日本人の陰険な一面は、すでに少し警戒され始めています。たとえば欧米のレストランで、「中国人お断り」というのは珍しくありません。欧米の一般的な作法からすると、一部の中国人の振る舞いが「うるさい」「マナーが悪い」など目に余り、店の人もほかのお客さんも不快な思いをするから、という理由からです。

じゃあ日本人は歓迎されるのかと思いきや、「こんなに扱いにくい国の人たちはいない」という見方をされているみたいなんです。

これも友人から聞いた話なのですが、日本人は通されたテーブルに黙って座り、出てきた料理を黙って食べるだけ。「おいしかった」も「まずかった」も言わないけど、お店の人からすれば、「料理は全部食べているから、まあ喜んでくれたんだろう」と思うわけです。ただ、その場ではなにも言わないのに、あとから旅行会社やネットのレビュー欄に「席が寒かった」だの「料理の味が薄かった」だのと書き込むのは、決まって日本人なのだそうです。

気に入らないことはその場で伝えれば、善処してもらえるかもしれません。そうしたら、そのあとはいい気分で過ごせるだろうに、気に入らないことを飲み込み、黙って過ごしておいて、あとからクレームを公表する。それも匿名で。

文句でも要望でも、正面切って表明せずに、いったん安全圏に避難してから間接的に攻撃するのは、やっぱり卑怯だと思います。

こんなことを書くと、きっとまた文句をつける人が出てくると思います。「せいじは世界を知っているようなことばかり言う」「日本人なのに日本人のことを悪く言うへんなやつだ」なんて……もちろん匿名でね。そういうとこやぞ！　そこが卑怯なんやぞ！っていう話です。

素晴らしいものは「反対意見」から生まれる

聞くところによると、日本のおとぎ話は、ある点ですごく特徴的らしいです。

海外のおとぎ話だと、たとえば『ヘンゼルとグレーテル』は兄妹と魔女の話、『赤ずきん』はおばあさんと孫娘とオオカミの話、『3匹の子ブタ』はブタの三兄弟とオオカミの話、ですよね。

じゃあ日本のおとぎ話はどうかというと、『花咲かじいさん』『こぶとりじいさん』など、「近くに住むいい人と悪い人の話」というパターンが多いそうなんです。

「最後には悪いほうが痛い目を見る」という話の流れは、海外も日本も同じ。だけど、日本のおとぎ話は「同じコミュニティの中にいい人と悪い人がいて、いい人はいい思いをして、悪い人はひどい思いをする」という内容が多いのだそう。

古くから語り継がれているおとぎ話は、その社会のしきたりや価値観を反映しているわけですよね。「同じコミュニティで暮らす、いい人と悪い人とを対比させる」という日本のおとぎ話には、コミュニティでうまくやっていくための戒めや教訓が含まれているということでしょう。

そんな物語のつくりは、日本の古いムラ社会を象徴しているといえます。そして、ムラ社会的な精神性は、実は今も根強く残ってるんじゃないかとも思う。

波風立てず、みんなで仲よく暮らしていくために、「人はこうあるべきだ」という共通概念を植え付ける。その結果、意見の相違を嫌い、意見交換や議論を避けるという傾向が、脈々とつづいている気がします。このことは、ぜひ専門の方に研究してもらいたいですね。

だって、日本はいまだに「出る杭は打たれる社会」でしょう？　自分の意見をはっきり言う人も、あまり好ましく思われないでしょう。

旧態依然としている企業も多くて、旧時代的で意味をなさないルールや手法がいまだに踏襲されているのも、「そもそも、これっておかしくない？」「昔とは違うんだから、変えていくべきだ」っていう声が潰されがちだからなのかもしれません。

古い時代の価値観や慣習の枠の外で考えられる「少数の反対意見」からこそ、新しいものが生まれるし、革新は起きるものですよね。それを認めず、片っ端から潰す社会で素晴らしいものが生まれるはずない。

そんな日本社会を窮屈に思う優秀で革新的な人たちが、海外に活躍の場を求めたとしても、責められません。

自由にものを言えない雰囲気というものが、いかに社会にとってマイナスか……。たとえば、日本のトップ企業とされるトヨタでも、世界企業の時価総額ランキングでは30位前後に甘んじています。そんな今の日本経済の体たらくも、新しい意見を認めない、出る杭は打たれる社会性に、大きな理由のひとつがあるんじゃないでしょうか。

このままでは、日本はどんどん時代に取り残されて、世界に後れをとって、二流、三流国になっていってしまう。生き残るためには、「意見があるなら、はっきり言う」という方向性にシフトしていかなければいけないと思います。

「出る杭は打たれる」けれども、「出すぎた杭は打たれない」ということもある。特に若い人たちには、それこそ無神経なまでにバンバン意見を言って、どんどん古い世代にチャレンジしていってほしい。

なにも完成された意見である必要はなくて、「なんか、おかしくない？」と思ったら、「なんか、おかしくないですか？」って言う。そんなときこそ無神経の出番。まずは疑問を示して、問題提起の端緒を開くことが大事だと思います。

ただね、天の邪鬼《あまのじゃく》とか、注目を浴びたいがために、ただ突飛なことを言ってみるという態度ではいけません。当たり前ですが、それだと話が広がらない。「どういうこと？」「へえ！　もっと教えて」と踏み込んでも、「いや、別に……」「なんとなく言ってみただけで」と終わってしまっては、まったく建設的ではない。

完璧な意見ではなくても、たとえ最後には言い負かされたとしても、自分なりに情報を集め、考えた末の言葉で、「おかしい」と感じる古い考え方やシステムに少しずつ立ち向かっていってほしいと思います。

謝って済むわけがない

人を傷つけるようなことを言ってしまったことに、自分自身が傷ついて、人間関係に消極的になってしまう人もいるみたいですね。

「最初から人を傷つけるようなことを言わなければいい」なんて身もふたもないことを言う人もいますが、人間は機械じゃないので、「あー、やっちゃったな……」ということはあるもんです。

ただ、傷つけたことに傷ついて消極的になればなるほど、どんどん人間関係が切れていって、やがては、ひとりぼっちになってしまいます。そうならないためにも、怖がらずに人と関わっていくしかない。「気遣い」は大事ですけど、過度な「気にしい」は仇《あだ》になります。

僕も、すぐに「いらんこと」を言ってしまうと自覚しています。けれど、「あー、やっちゃったな」とは思ってもヘコんだり引きずったりせず、ただリカバーに努めるだけです。「あー、やっちゃったな」というときに具体的にどうするかは、相手によって違いますが、いちばん大事なのは、「その後も付き合っていこう」という姿勢を自分自身が持つことだと思います。

ちゃんと謝ることも大事だけど、「謝ったから、もう、いいでしょ」という考えにはならない。謝罪の言葉と共に「はい、これで許してね。おしまい」なんて言っても、謝ったことにはならないし、そもそも許すかどうかは相手が決めることでしょ。

これじゃあ失言を謝罪しても、ぜんぜん国民に納得されない政治家と同じです。公人だったら頭を下げるだけじゃなくて、自分の失言によって起こりうる被害とか対策なども、きっちり説明しなくちゃダメですよね。

話がずれてしまいました。

ともかく「謝ったんだから、許して」というのは間違っていると思う。「とりあえず謝っとけ」という本音が透けて見えてしまうものだし、そんな姿勢で謝られても相手は許す気になれない。そして許してくれない相手に対して「謝ったやんけ！」と怒る。はい、一向に関係は修復されません。

かといって、いつまでも後ろめたいままでいる必要はなくて、その後、いかに誠意や気遣い、親しみを込めて付き合えるかが大事。その中で「あー、やっちゃった」を少しずつリカバーしていければ、その後の関係性ももとどおり良好になっていくと思うんです。

人間関係は「点」ではなく「線」であり、継続的なもの。「謝った」というのは、あくまでも「点」です。そこだけで人間関係を考えること自体、ちょっとずれているんじゃないかと思う。

今後も付き合いたいと思う相手だったら、僕はリカバーしようと努めます。つまり、誠意や気遣いを持ったうえで、相手とコミュニケーションをとりつづける。

もし相手も同じ思いなら、そんな僕をきっと許してくれて、以前と同じように付き合ってくれるはずです。そういう意味では、相手に委ねるというか、甘えちゃうと言ってもいいかもしれません。

そもそも人間関係は、相手と自分の相互のことだから、僕だけの意思でなんとかできるものではありません。

「あー、やっちゃった」と思ったら、ひたすら自分はリカバーに努めるだけ。その姿をどう受け取って、どう対応するかは、相手次第です。「これで許せや！」というプレッシャーを与えても、好転することはないんです。

ただしリカバーに努めていても、もし、いつまでもネチネチ言われたら、僕なら「もう、ええわ」と思って自分から去ります。

ネチネチ言ってくるというのは、たぶん、「自分は傷ついた」ということをアピールしたいだけじゃなくて、「あいつの弱みを握った」とマウントをとろうとしているということでしょう。そういうやつとは、もう付き合いたくない。今までにそういうケースはなかったけど、さすがに「ええ加減にせえ」と思うでしょうね。

人間関係がこじれそうになると、焦ってしまう人は多いと思います。「嫌われたらどうしよう」という不安から、どうにか関係を修復しようとへんに下手に出たり、必要以上の会話をしないようにしたり。でも、相手が根性の悪い面倒なやつだったら、いつまでも自分が苦しい思いをする羽目になる。それはどうなのでしょう。

ちょっと想像してみてください。

今日、電車に乗っているとき、何人の人が同じ車両にいましたか？

道を歩いてるとき、何人の人とすれ違いましたか？

地域によって違うとはいえ、それなりの人数になると思います。要するに、人間なんてアホみたいにたくさんいるんだから、根性の悪い面倒なやつと、無理して付き合うことないでしょ。もう少し広い視野で考えてみてほしい。

地球上にその人とふたりきりだったら、面倒くさくてもなんとかうまくやっていかないといけないのかもしれないけど、ぜんぜんそんなことはないわけで。「ほかに付き合える人間がびっくりするぐらいいる」という現実を見ましょうよ。

ちゃんと許せる人間であれ

僕は基本的に、コミュニケーションには失敗というものがないと思ってます。

相手を傷つけたり怒らせたりするのは失敗だと思われそうですけど、これからも付き合いたかったら謝って、反省して、リカバーできるように努めればいい。

どうしても溝が埋まらず、疎遠になったり関係解消したりということがあっても、それだって失敗じゃないです。「残念だけど、お互い相容れなかったね」っていう「結果」に過ぎないと思うんです。

だってこっちも、いつまでも根に持たれたら、しんどいだけでしょ。「もう無理して付き合いたくないな」という思いも湧くもんです。歩み寄ろうとしない相手であれば、「去る者は追わず」でいいんじゃないでしょうか。

要は、どちらかがきっかけをつくったとしても、疎遠になったり関係解消したりというのは、失敗ではない。コミュニケーションは相互作用だから、結局は双方で出した結論なんです。合意といってもいいかもしれない。

しかし立場を逆にしたときの僕は、「許す」ということができる人間でありたい。謝る側になったときに「謝ったから許せ」というのは間違っていると思うけど、反面、謝られる側になったときに、「絶対に許さん」「おまえが死ぬまで許さん」というのも、かなりおかしい。もっと寛大になって、「許す」ということができるようになったほうが、自分の精神的にもいいと思う。

あるとき僕の息子が言った言葉に、感心したことがあります。

学校の先生は、クラスをうまくまとめるために、ひとりだけスケープゴートとなる生徒をつくることがあるらしいですね。

叱責などをひとりに集中させることで、ほかの子たちがその子を反面教師として「いい子」になるようにもっていくという、卑劣な方法です。息子が小学校の高学年だったころ、どうも、そのスケープゴートにされてしまったらしいんです。

僕は息子に言いました。「かなりしんどいやろ。パパから先生に言ったろうか？」と。

ところが息子は、「いや、パパが出てきたら本当に面倒なことになるから、いい。どうせ2年間だけだし、死ぬまで付き合うわけじゃないから我慢する」と答えたんです。

「死ぬまで付き合うわけじゃない」というのが、我が息子ながら、ええなと思いました。

もちろん人間関係は、うまくいくに越したことはない。でも世の中にはいろんな人がいて、どうしても好きになれない人とか苦手な人もいるでしょ。

それが、なかなか離れられない上司や取引先の人間だったら、「最悪や！」なんて絶望してしまいそうになるのもわかります。でも、そこで「死ぬまで付き合うわけじゃないし、しばらく我慢するか」って思えれば、ちょっと気がラクになって、クールに次の手を考えられるんじゃないでしょうか。

第7章

心得⑥
切るべき人間を見極める

「いろんな人がいるなあ」が自分を守る秘訣

「切るべき人間」として真っ先に挙げられるのは、僕の場合、前の章でも書いたような「匿名で文句や中傷の言葉を投げつけてくるやつ」でしょうね。そもそも、最初からつながっていないから、切る必要もないかもしれませんけど。

僕は自分の名前も顔もさらして、「千原せいじ」として言いたいことを言い、やりたいことをやっているだけです。なにかを言いたいなら、あるいはなにかをしたいなら、そうするのが最低限のマナーでしょ。

でも、Twitterなんかを見ていると、陰湿すぎて、ホンマに嫌になる。見なけりゃいいと思うかもしれませんが、チェックしておきたいアカウントなんかを見ていると、ついでに目に入ってしまうことも多い。厄介なもんです。

僕のTwitterやInstagramなんかにもよく送られてくるけど、まあ、そういうクソコメントにおもしろいものやセンスを感じさせるものは、ひとつもない。

実はたまに、そういうコメントに返信することもあるんですよ。「少しはおもしろい流れになることもあるのか？」と思って。

この前もたとえば、SNSに愛車のバイクを載せたところ、「あなたのバイクは違法改造だ」みたいなコメントが来た。「どういうことですか？」と返すと、その理由が書かれたコメントがきたので、「じゃあ、警察なり専門家なりのところへ一緒に行って、違法かどうかを確かめましょう」と送りました。ですが、そこから待てど暮らせど返事がこない。

「ほら、次はお前のターンやぞ。いつにしますか？やろ」と期待していたんですけどね。

やりとりをしてみても、やっぱりおもしろくなかった。

企業とかも、公式Twitterなんかに寄せられるクレームを「ちゃんとした意見」として扱うでしょ？　それも不思議な話です。匿名で書くってことは、要は書き逃げ。公衆トイレやトンネルの落書きと一緒。本当のことなのかも、本気で書いているのかもわからないのに、そんな意見を聞くことないんちゃうかなと思います。

匿名で誹謗中傷の投稿をするとか、電車内で痴漢をするとか。こういう人たちに共通するのは、「コミュニケーションに対するハンディキャップがある」ということではないかと思います。

実名で自分の意見を言えるくらいのコミュニケーション能力がないから、物陰から石を投げつけるように匿名で誹謗中傷する。ひとりの人間として相手にアプローチできるだけのコミュニケーション能力がないから、こっそりと知らない人のからだに触ろうとする。そういうことでしょ。

要は、「自分は○○という人間で、こういう意見、意志があります」という、ごく普通レベルのコミュニケーションができないことが、誹謗中傷や痴漢といった卑劣な行為につながっていくように見えるんです。人としての神経が欠如しているということだけど、無神経とはまったく違う。

最近も、自衛隊内で起きたセクシュアル・ハラスメントの被害者女性に対して、「男ばかりの職場なのだから、そういうことがあることくらい、わかってるだろ」みたいなコメントがたくさん送られていて……。「まだ、こんな原始人みたいなやつがおんねんな（いや、それ言ったら原始人にも失礼か）」と思って、吐きそうになりました。

でも、これが日本社会のひとつの現状なんです。

犯罪行為には毅然と対応する必要があるにせよ、細かいことまでいちいち真に受けていたらこちらの身がもたない。だから、「いろんな人がいるなあ」というドライな目で眺めとく、くらいがちょうどいいと思います。

たしかに「気分が悪いなら見なければいい」という意見にも一理あるけれど、くだらない卑劣な人間が現に存在することは事実です。そこに気づくためにあえていろんな人を知っておくのも、悪くないかもしれません。

実際に交流することはもちろん、ＳＮＳを見ることも含めて、いろんな人を知る。そうすれば、付き合いたいタイプ、付き合わないほうがいいタイプの線引きも、うまくできるようになる気がします。

いずれにせよ、狭い世界の中だけで人間関係が完結している「井の中の蛙」には、ならないほうがいい。「いろんな人がいる」のが現実なんだから、くだらない人間や付き合いたくないタイプに対しても「いろんな人がいるなあ」と客観的に見られる視点を養うことが、広い世間を生き抜いていくのに適した姿勢かなと思います。

「人の評判はコントロールできない」と割り切る

僕の趣味のひとつにバイクがあります。前の項でも少し話しましたが、ＳＮＳにバイクの写真を載せたりすると、たいていは「いい年した大人が、こんな派手なバイクに乗って」「このバイクは違法改造している」「整備不良だ」みたいなリプがつきます。

まず、違法改造、整備不良というのは勝手な思い込みだし、どんなバイクに乗るかなんて、１００パーセント僕の自由です。見ず知らずの他人に批判されたり、文句を言われたりする筋合いはありません。

それなのに、あれこれ言ってくる人ってなんなんですか。暇を持て余しているさびしい人なのかな。せっかく時間があるなら、僕に絡んでなんかいないで、身近な人と飲みに行ったりしたらいいのにと思いますけどね。

ひょっとしたら、日ごろのコミュニケーションがうまくできないから、匿名で芸能人に絡むことで、欲求不満とかストレスを晴らそうとしているんでしょうか。いや、そんなのいくらやったって、欲求不満もストレスも解消できないだろうし……。

僕だって、人目がまったく気にならないと言ったらウソになります。「こういうふうに見られたい」と思うときもある。でも、「結局は気にしても仕方ない」ということがわかっているんです。なぜなら、不思議なことに「世間で言われている人間像」のほうが「正しい」ということになるから。

たとえば、ネットニュースなんかの記事で「千原せいじは卑怯者だ」と書かれたとします。それを読んだ人は、テレビに出ている僕を見て「そういえば、こいつは卑怯者って書かれていたな」と思い、僕のそういう面ばかりに目を向けて「たしかに」と納得するでしょう。「千原せいじは根性悪い」と書かれたら、僕は根性悪いということになる。

というように、巷《ちまた》で「千原せいじはこういう人間だ」と言われていることを、多くの人は信じるわけです。

で、いろんな面がある僕の「卑怯な面」「根性悪い面」ばっかり探し出してきて、なおかつ拡大して、「やっぱり千原せいじは卑怯者だ」「根性悪い」と確信する。僕のことが嫌いな人同士で、盛り上がったりもするかもしれません。

人は自分が信じたいことしか信じないし、自分がピックアップしたい情報しかピックアップしない。しかも、日本人はあまり「許す」「流す」ということをしないから、5年も

10年も前の言動について、いつまでも、いつまでも責めつづけるでしょ。

こういうのは、こっちがどうあがいても変えられません。メディアに出ている人だけじゃなくて、会社や地域のコミュニティなんかの人間関係でも同じではないでしょうか。汚名返上したくても、人のものの見方や気持ちを操作することはできない。だったら、いくら人目を気にしてもしょうがないですよね。


それよりも、直に付き合っている人たちと「普通に、いい関係」を築くことに意識を向けたほうが、はるかに実りの多い人生になると思います。

だから、見ず知らずの人からの評判なんて僕は気にしない。いや、人間だからまったく気にしないというのは無理だけど、気にして評判をよくしようとするみたいな努力は無駄になるとわかっているから、しないんです。

悪口は言ったやつが損をする

月並みですけど、悪口は、やっぱりよくないと思う。

悪口を言う人は、知らないうちに周りの人たちの信頼を失っていくから。人を傷つけるとか以上に、「悪口を言うと、結局、自分の首を締めることになる」というのが、悪口を言わないほうがいいと思ういちばんの理由です。

他人の成功がうらやましかったり、ライバルに先を越されて悔しかったりしても、「あいつは○○がなければ成功しなかった」「運がよかっただけだ」なんてことも言わないほうがいい。

嫉妬や対抗心からくる悪口なんていちばんカッコ悪いし、他人の悪口を聞かされたほうは、「この人は別の人と一緒にいるとき、今と同じように私の悪口を言ってるのかもしれない」と思うもんです。そんな人、信頼できないでしょ。

もう何年も前の話ですが、僕が経営していた飲食店の悪口を、同業者に言いふらされたことがあります。結局は「悪口を言ったほうが損をする」という理論どおりで、こちらに被害はなかったんですけどね。

近所の飲食店の人たちが、うちにお客さんがたくさん入っているのを見て、自分たちの店で、「あんな店に行くなんて」と、うちの悪口を言っていたみたいなんです。そのお店の常連さんが、わざわざうちの店に偵察に来て、またそのお店に戻って悪口を言うということもあったらしい。

でもこれ、普通に考えたら、その店に居合わせた、関係ないお客さんたちからすれば気分が悪いことですよね。

同業者の悪口を言うような店主の店には、そういうことが好きな性根の悪いお客さんが集まるようになる。店主と常連客が悪口ばかり言っているような店には新しい客は入りづらいだろうし、入ってももちろん楽しくないから、全体の客足が落ちる。実際、そのお店は早々に潰れてしまいました。

たとえ他者に対して思うところがあっても、本人がいないところで悪口を垂れるなんて、やっぱりやるべきじゃないんです。


悪口も、いってみればコミュニケーションの一形態です。悪口を言う人には、ルイトモで悪口を言う人が集まってくる。悪口でつながる人間関係です。そんなところに巻き込まれたら……なんて考えただけで、ゾッとしません？

だから、悪口を言う人からは、早々に逃げたほうがいい。「最近、忙しくて」「もう帰らなきゃ」とか適当な言い訳をして、付き合いを断つ。これもいってみれば、自分を守るための無神経です。でないと、単に悪口を聞かされて気分の悪い思いをするだけでなく、その人が属する「悪口コミュニティ」の一員だと周囲に誤解されて、信頼を失ったり距離を置かれたりしかねません。

自分が損をする。これが、悪口を言う人とは付き合わないほうがいいと思う理由です。

マウントをとる人、否定する人とも付き合わない

すぐにマウントをとる人も、あんまり人に好かれませんね。僕も好きじゃないです。

少し前のことですが、友人数名と旅行に行くことになりました。

そのうちのひとりがテキパキ手配をしてくれて、「このホテルを予約したよ」って連絡をくれたんですね。そうしたら少し経ってから別のやつが、「僕が前に行ったときは、このホテルに泊まったけどね」なんて、少しランクが上のホテルをわざわざ知らせてきた。

正直、「は？　なんなん？」って思いましたね。どのホテルにしようかと相談しているときに、「前に行ったときは、このホテルに泊まったよ」と言うなら、わかります。検討

段階での情報提供や提案として、こちらも参考にできます。

相談をしているときにはなにも言わなかったのに、別の人が予約したあとから少し上のランクのホテルを知らせてくるのは、単なるマウンティングでしょ。ジャンケンでいったらあと出し、ポーカーでいったら相手のカードを見てから自分のカードを出すようなもの。「自分のほうが、いいホテルを知っている」と誇示して、自尊心を満たしたいだけ。つまらんやつですね。

マウンティングは人付き合いのあらゆる場面で起こっていると思いますが、マウントをとってくる人というのは、自然と周りから人がいなくなりますね。誰だって上からものを言われるのは不快だから、当然です。無用な争いを避けるためにも、同じ土俵には上がらないのがいちばんです。


それから、すぐに人の言うことを否定する人も嫌ですね。

たとえば、さっきの話みたいに、友人数名で「旅行しよう」となったとしましょう。「どこに行こうか」「なにして遊ぼうか」「どんな宿に泊まろうか」なんてワイワイ相談しているときに、「でもさ、今の季節だとちょっと寒いよね」「だけど、このホテルには朝食がついてないしなあ」なんて、出る案すべてにケチをつけてくる人。そりゃ、みんなから「なんや、おまえ」「そんなに気に食わないなら、来るな」って思われますよね。

ただしこの場合、意外と言った本人は「意見を言っている」「会話に参加している」というつもりで、否定していることに気づいていないケースも多いので、たちが悪い。「だけど」とか「でも」とか、否定語から会話を始めることが多い人は要注意です。

なにも、気に入らないことを無理して肯定しようと言っているわけではありません。気に入らないなら、否定するだけではなく、せめて別の案を出すとか建設的な話に持っていってほしい（できれば、アタマの「でも」とかもやめてほしい）。でないと、「この人はなんでも否定するから、ぜんぜん話が前に進まない」という評価になります。マウントをとる人と同じく、やっぱり敬遠されるようになってしまうかもしれません。

ただ、ここは僕も反省すべきところがあるんです。

人の言うことを否定しているつもりはないんですけど（議論になって反対意見を言うことはあります）、つい否定的な言葉を返してしまうことがある。周りの人たちが言うには、僕は「知らん、知らん」ってよく言うらしいです。

これは自分でも直さなくちゃいけないと思っている。けど、染みついたクセを50歳過ぎてから直すっていうのは、なかなか難しいもんですね。ごく自然に「なるほど！」「いいね！」みたいな前向きな言葉でひと言目を返せる人は、素直に「ええな」と思います。

僕が自分で直したいと思ってることは、もうひとつ。無神経がゆえに、つい「いらんこと」を言ってしまうというのもあります。その無神経さがいい方向に作用することも多いけれど、たまに、周りの空気を悪くしたり凍らせたりするような、センスのかけらもない余計なひと言を発してしまうことがある。

これが厄介なのは、「いらんこと言ったのは確実だけど、わざわざ蒸し返してまで謝るのも妙」っていうところ。自分のせいとはいえ、ホンマにたちが悪い。モヤモヤした思いをするのも嫌だから直したい。けど、やっぱり、なかなか難しいもんです。

「切るべき環境」というものもある

世の中には、職場の人間関係に悩んでいる人も多いと聞きます。

プライベートの人間関係だったら、嫌なやつとは付き合わなければいいだけですが、職場だと、そうはいかない。だから悩みながらも耐えるしかない……ということなのかもしれませんが、僕から言わせてもらうと、それもちょっとおかしいと思う。

改善の余地がないんだったら、もう環境を変えるしかないんじゃないでしょうか。

悩みつづけているということは自分なりに手を尽くしても解決しないということで、職場にもそういう問題に取り組む気や仕組みがないということでしょ。

たとえば上司にパワハラを受けていても、相談できる場がないとか、上層部に訴えたらパワハラをしている本人に伝わって、もっとひどい目に遭うかもしれないとか……。そんなひどい会社で働きつづける意味、あるんでしょうか。

やめたら、たちまち生活が立ち行かなくなるというリスクはあるかもしれません。その仕事に就きたくて、その職場に入りたくて、長いことがんばってきたのに、という心残りもあるかもしれません。

僕は申し訳ないけど、そういう立場になったことがないから、そのリスクがどれほどのものなのかは正直、わからない。

でも、いちばん大事なのは自分自身です。大前提として心とからだがしっかりしていなければ、どんなに好きな仕事だったとしてもつづけていくことはできない。それだけは僕にもわかります。

だから誰も守ってくれなくて、自分の神経が削られるような環境は、やっぱり、さっさと切ったほうがいいと思ってしまいます。たった一度の人生、無駄にする必要はない。くだらない環境で、自分を犠牲にする必要はない。

それに、パワハラをするような人が出世して、部下から上層部に訴えがあっても取り合わず、まともに対処しない。そんな時代遅れでろくでもない会社が、優良企業として生き残っていけるとは思えません。

そう考えると、そういう会社はさっさと切ったほうが、むしろリスクヘッジになるんじゃないでしょうか。自分の心を守るためだけでなく、自分の将来の生活を守るためにも、会社をやめることを考えてもいいと思います。

「なにかを手放すことで、別の新しいなにかが入ってくる」「なにかを得るには、なにかを手放さなければいけない」なんてことも、よくいわれますしね。

第8章

心得⑦
無神経にも「流儀」がある

「悪しき神経質」がはびこる日本

同調圧力とお節介がはびこる日本社会で、人と気持ちよく交流しながら、自分の足でしっかりと人生を歩んでいく。そのためには、「ちょっと無神経なんじゃない?」と思われてしまうくらいの言動をとったほうがいいんじゃないかと思います。

でないと、ずっと「自分」というものを発揮できないまま、心のどこかに窮屈さや不満を抱えながら生きていくことになる。僕だったら、そんなのごめんですね。

「無神経」といっても、平気で人を傷つけるような無神経さではなく、これまで言ってきたように、根っこには人に対する気遣いがあることが大事。

あくまでも、相手と手っ取り早く仲よくなったり、一緒に楽しいことをしていったりするための無神経です。だから、パワハラ、セクハラ、いじめなんて、当然もってのほか。

いじめといえば、日本の学校では、いじめられた側が学校を休んだり、転校を余儀なくされたりしますよね。すごく理不尽だと思う。

悪いのは、どう考えても、いじめた側です。

しかも、いじめっ子というのは、ある日突然変異のようになるのではなくて、ほとんどの場合、親の影響じゃないかと思います。あえて言いますけど。

きっと親同士、家庭内で他人のよからぬ噂話をしたり、偏見や差別にまみれた物言いをしたりしているんでしょう。それが、子どもに伝染してしまう。

いじめっ子体質の親の子は、いじめっ子になる。自然な流れだと思うし、だからこそ根深いんです。

また話が逸れてしまいました。

犯罪者は逮捕されて裁判で刑期が決まり、刑務所に行くのが、社会の流れです。人に加害をしたほうが、隔離されるのが当然なはず。なのに、学校生活となると、正反対のことが起こる。いじめが原因で不幸な事件が起こったときも、いじめられた被害者の子の情報はバンバン流されるのに、加害者の情報はいっさい出さない。未成年だから？　それだけですか？　マスコミの姿勢にも問題があるけど、そういった報道も含めて、なぜ加害者が守られて、被害者がさまざまな不利益を受け入れなくてはいけないのか、僕にはさっぱり理解できません。

ここでまた海外を引き合いに出してしまいますが、アメリカの小学校などでは、いじめた側に徹底的な対応をする場合がほとんどだといいます。

さらに加害行動を重ねないように学校を休ませ、スクールカウンセラーとのセッションで暴力性の根源や対処法を探っていく。児童精神医学のプロフェッショナルが関与する場合も、多いと聞きます。つまり、いじめている側を学校から排除するだけではなく、その子もまた家庭環境や社会背景の産物、いわば被害者のひとりだと捉え、しっかり更生させようとするのです。

そして、更生の手段としては、スクールカウンセラーや児童精神医学のプロとのセッションなど、コミュニケーションが担う部分が大きいわけです。社会生活を営むうえでコミュニケーションは欠かせないものですから、その手段は大いに納得できます。

アメリカのようにいじめっ子を更生させるよりも、日本のようにいじめられっ子を引き離すほうが、はるかに対処は簡単でしょう。いじめられっ子が転校すれば、とりあえず、いじめは「ないこと」「なかったこと」にできますから。

でも、そこで割を食うのは、子どもたちです。なにも悪くないのに居場所を追い出される被害者はいうまでもなく、加害者だって更生の機会を失うわけですから。もちろん、両者を引き離すという解決法には、コミュニケーションはいっさい介在しません。

コミュニケーションとは、「人の話を聞く」「自分の話を聞いてもらう」「相互理解に努める」の繰り返しです。もちろん、相手のことが理解できない場合もあるし、誰とでも仲よくなれるわけでもない。そうしたリアルな経験をしながら、人間関係の土台となるコミュニケーション能力を磨いていく必要があるのだと思う。

じゃあ、日本の学校は、そういうコミュニケーション能力を育てる場になっているの？　もちろん、コミュニケーション能力の育成を学校だけに委ねるつもりも、責任を学校だけに押し付けようとしているわけでもありません。

でも、いじめ問題ひとつをとっても、日本の学校は、教師側の都合しかない理不尽がまかりとおっている場所としか思えない。指導と称して生徒を殴って怪我をさせたりだとか、猛暑の最中での部活で生徒を死なせたりだとか、教師による許せない事件も、いまだに後を絶ちません。

生徒間のいじめも、「しつけ」「教育」の名のもとで行なわれている教師の暴力も、言い逃れようのない犯罪です。本来ならば、傷害や傷害致死など刑事事件として扱われなくてはいけないはずです。

それなのに、なぜか学校だけが聖域になっていて、傷害事件や傷害致死事件が、「いじめ」

「しつけ」「教育」と言い換えられて、ふんわりと扱われている。そんな悪しき無神経がはびこっている場所で、まともに人とコミュニケーションがとれる子どもが育つはずないと思います。

「いらんこと言う」にも効能がある

僕は、幼いころから感情のコントロールが下手くそなほうです。喜怒哀楽もすぐ顔に出てしまうし、それが原因で人にいらぬ誤解を与えてしまうこともあった。いつも楽しんでいる子どもだったとは思うけど、反面、いらんひと言を口にしてしまうことも多かった。大人になった今も、そういった面はあまり変わっていないと思います。

この間、打ち上げでキャバクラに行ったら、僕の横に座った女の子の腕が切り傷の跡だらけだったんです。いわゆるリストカットってやつです。左腕と右腕にはじまり、見れば太ももやくるぶしの上にまで。

もうどうしたって目に入るから、つい「キミ、どんだけ死にたなんねん!」と突っ込んでしまいました。

「さびしいとき」と落ち着いたトーンで答えられたので、僕も「ああ、そうなんや……」と。「またいらんこと言ってしまったかな」と、少し反省しまして。

でもまあ、彼女とはそのあとも普通に話をつづけて、最後には「せいじさんが出ていた、あの番組、見ました。すごくおもしろかったです。また出てください」って言ってくれた。「ほな、必ず出るから、それまでは生きとけよ！」と返したら、「そんな優しいこと言われたの初めて」と泣き出してしまって……。そこで急に優しくするのもへんだし、僕のガラじゃないから、「急になんや自分、気色悪いな！」と言って帰りましたけども。

その子に僕が言ったことは、「いらんこと」だと思う人も多いかもしれない。でも、傷跡を隠したかったらいくらでも隠す方法はあるのに、彼女は腕も太ももさらけ出していた。「ひょっとしたら、触れてほしいのかな」と思ったから、最初のひと言を発したわけです。

だって、せっかく縁あってお話しした女性だから、つらくてリストカットを繰り返すくらいなら、なにか少しでも楽しいことを見つけて生きていてほしいじゃないですか。僕の言葉の根っこにある、そういう気持ちをわかってくれたからこそ、その子もちょっと喜んでくれたんじゃないかなと思っています。

相手の痛いところに、あえて触れるかどうかというのは、すごく難しいところです。ただ、結果論ですけど、このケースではへんに腫れ物を扱うように接するよりは、いらんこと言って突っ込んでよかったと思う。

似たような話で、インタレスティングたけしというお笑い芸人の話をさせてください。彼は芸人兼映画監督兼ミュージシャンで、吃音症《きつおんしょう》です。芸人仲間からは「インたけ」と呼ばれて親しまれています。

あるお笑い番組で、彼がドッキリを仕掛けられる企画が放送されたのですが、案の定というか、やはり「しゃべり方をバカにしている」という意見が殺到した。

インたけは僕が経営していた店でバイトをしていたこともあって、昔から仲がよかったんです。彼はその番組に出られたことをめっちゃ喜んでいたし、彼のお母さんも「やっとテレビに出られた」とやっぱりうれしがっていた。僕ら仲間も「よかったやんけ」と言っていたのに、そういう意見があったことがまたネットニュースになってしまった。

そうすると、テレビ側も次のオファーに二の足を踏みますよね。「せっかく芸人としてテレビに出られて喜んでいたのに、吃音だと笑いにならないって……。じゃあ、どうやって飯食っていったらええねん」て話です。生まれつき全盲に近い弱視で、『R－1グランプリ』で優勝経験もある濱田祐太郎くん、彼も「バラエティで障害をネタにすると、すぐ『差別だ』と抗議が来る。でも、障害者にテレビでお笑いをさせないことは差別じゃないのか」ということをツイートしていました。

実際、インたけのもとには「僕も吃音で、それがコンプレックスで引きこもっていたけど、外に出ていく勇気をもらえた」という声も、たくさん届いているというのに。そういえば、海外では小人症やダウン症の人が有名俳優としてたくさん活躍しているのに、日本ではなぜか出てきません。

いろいろと意見はあるでしょう。けど、さっきのリストカットを繰り返したキャバクラの子ではないけれど、周りが勝手に腫れ物扱いすることで、本人の活躍の場が狭められたり、逆に本人が萎縮したりしてしまうのは、ちょっとおかしいんやないかなと思います。

興味を持てる人とだけ付き合えばいい

僕も活動歴三十数年の芸人ですけど、長く活躍している周りの芸人は、先輩も後輩も、やっぱりすごいです。知らない人たちを相手にワーワー話して、しかも笑わせるんだから、大した能力でしょ。

あまり知られていないかもしれないけど、すごい芸人に共通しているのは、実は「聞き上手」なところ。

しゃべり上手な人って、同時に聞き上手なんですよ。人の話をちゃんと聞くことができないと、実は話すことも上達しない。だから、コミュニケーション上手になりたければ、まず聞き上手を目指したらいいと思います。

じゃあ、どうしたら聞き上手になれるか。

実のところ、「相手に興味を持てば、誰でも自然と聞き上手になれる」というシンプルな話なんですが、難しく感じる人もいるみたいですね。

後輩の芸人や、その奥さんと食事をしたときのこと。その後輩の奥さんに、意外なところでびっくりされたことがあります。

僕は「へえ、そんなことあるんか」「それ、おもろいな！」「なるほどな、でも、これはどういうことなん？」って、ただ興味深く後輩や奥さんの話を聞いていただけなんですけど、それが奥さんから見たら驚きだったみたいです。

「せいじさんからすれば、あなたはだいぶ後輩だし、私はまったく関係ない仕事をしているのに、そんな私たちの話を、なんであんなに興味を持って聞いてくれたんだろう」と。

そう言った奥さんに、後輩は「先輩も後輩も知らん人も関係なく、芸人なんて、みんな話すのも好きなら聞くのも好き。そういうもんやで」と答えたそうです。

同感ですね。根っから好奇心旺盛だったり、新しい情報を得ることが好きだったりして、いろんなことに「へー！」と食いついてしまうのが、芸人という生きものなんです。そういう人が芸人になる、向いているといってもいいかもしれない。

だから「人の話に興味を持つのが難しい」というのが、僕にはあまり理解できないんですが、たしかに、話し手が自分の興味のない話をつづけていることはあるかもしれません。

であれば、「興味を持てない人の話は、聞いてる体で聞き流す」というのはどうでしょう。

そもそも、こちらが興味を持って聞いていないことを意に介さず延々と話しつづける人は、コミュニケーション能力に問題があると思う。こちらの反応をいっさい見ていない、気にしていないということでしょ。そういう人と付き合っても、別にいいことなんかないと思う。

人生を楽しくしていきたいんだったら、人に興味を持って、話に耳を傾けるのが、いちばんの近道です。これは間違いない。

でも、だからといって、無理して誰にでも興味を持とうとする必要はなくて、興味が持てる人の話だけ熱心に聞く。興味を持てる人とだけ付き合う。どこでも通用する方法ではないかもしれないけど、プライベートであればそんな人間関係構築術でもいいんじゃないでしょうか。

ハエを退治したナンバー1ホステス

人がやりたがらないようなことを、進んでやる。黙ってやる。

こういうことができる人は、周りから自然と尊敬されるし、周りのほうからコミュニケーションをとろうと寄って来るもんです。やっぱり人から好かれますよね。

つい先日、友人数名と一緒にキャバクラに行ったときにも、こんなことがありました。

そのお店のナンバー1は、「年収数億円」みたいな超一流のホステスさんです。

僕たちが入店したとき、その人は違う個室にいました。別のホステスさんたちと楽しく飲んでいたら、どこからか、ちょっと大きめの虫が入ってきて、ブーーーーンと店内を飛び回り始めました。

「あれ、ハチじゃない？」「いや、ハエやで」「ハエならほっとこ」なんて言っていたんですが、ホステスさんたちは自分のところへそのハエが飛んでくると「やだやだ、こっちこないで、きゃ〜！」と騒ぎ出す。僕らも気になって、のんびりと酒を飲むどころじゃなくなってきた、そのとき。

別室にいたナンバー1のホステスさんが、騒ぎを聞いてバッと現れて、そのハエを叩き落としたんです。「こんな虫が飛んでたら、お客さんも不愉快ですよねえ」って、おしぼりでバチーン！と。

きれいなドレスを着て、きれいにお化粧をした女性が、お客さんの目の前でおしぼりを振り回して虫を叩き落とす。

「はしたない」「がさつ」「無神経」って、みなさんは思いますか？

僕は「これもひとつの無神経の流儀やな」と思いました。

楽しいお酒の席で虫が飛んでいたら、お客さんが不愉快な思いをする。自分たちはサービスする側なのだから、お客さんを不愉快にする要素は、自ら取り除くべき。今回も当たり前のことをしただけ。

彼女の迷いのない行動に、僕はプロ意識を感じました。実際、彼女の一瞬の間の身のこなしに、一同、フリーズ。本人は平然としていましたが、そこから拍手喝采になりました。

彼女の地位を脅かすようなホステスさんは、きっと当分、現れないでしょうね。「私がナンバー1」というへんなプライドがあったら、「ちょっと、あなた」とか言って、別の人に退治させそうじゃないですか。

やっぱり、年に何億円も稼ぎ出す超一流の人は違う。勉強になりました。

キャバクラといっても、ただお酒を飲んで、女性としゃべってお金を浪費するだけじゃないんですよ。

「年老いた人」を「老人」と呼んでなぜ悪いのか

近年、言葉のモラルが社会的な課題としてとりあげられることが増えましたよね。たしかに人を傷つけるような暴言は控えるべきだとは思いますけど、「言葉狩り」みたいなのが行きすぎてるようにも見えます。

たとえば「老人」という言葉。少し前に、ある地方都市を運転していたら、でっかく「70歳を老人と呼ばない町」と書かれた横断幕が歩道橋に掲げてあったんです。どういうことかな？と思いました。

「老人と呼ばない」ということは、「老人」という言葉を、よくないものと見なしているんでしょうね。じゃあ「老人」はどういう意味かというと、文字どおりに受け取れば「老いた人」です。となると、この言葉のなにがいけないんでしょうか。

「老い」は自然現象です。その「老い」という変化が起こりつつある人のことを「老人」と呼ぶ。それを蔑称と見なして避けるというのは、なんだか、いずれ誰にでも訪れる「老い」そのものを否定している、もっといえば差別的に見ているということじゃないかと勘ぐりたくなります。

「老人を老いぼれと呼ばない」だったら、まだわかります。でも、事実をストレートに表現しているだけの「老人」がいけないというのは、ちょっと行きすぎじゃないですか。

これと似たようなことが、あちこちで起こっているように見えるんです。


今、小学校では「あだ名」が禁止らしいですけど、これも、嫌になるくらい表層的な対策だと思う。

やらなくちゃいけないのは、ひどいあだ名をつけられた子が傷ついて、人権が侵害されるのを防ぐことでしょ。あだ名そのものを禁止したところで、そういう基本的な人権意識を子どもたちに教えることはできないと思う。

あだ名は、相手とのコミュニケーションの潤滑油になるものである反面、ときには本人が傷つくような使われ方をされることがある。となると、本当に大事なのは、「こういうあだ名で呼んだら、相手はどう感じるだろうか？」というところにまで思考を働かせられるようにすることじゃないですか。

でも、一緒くたに「あだ名、ダメ」としてしまうことで、その思考自体が遮断されてしまう。相手のことを思いやったり、コミュニケーションについて考えたりといったところまで行きつかなくなるわけで、逆効果といってもいいと思うんです。

ついでに言えば、これからの時代はますます、自分の意見や意志を明確に表明していくことが重要になっていくはず。その意味では、あだ名が嫌だったら「そういうふうに呼ぶのはやめて」と、はっきり言えるようになることも大事でしょうね。

日本人のホスピタリティは「お・し・つ・け」？

なにかと閉鎖的でコミュニケーション下手な日本人の性質は、コロナ禍でいっそう際立ってきた気がします。

たとえば航空会社の対応なんかを見ても、海外の会社と日本の会社とでは、ちょっと違います。表面的には小さな違いだけど、本質的には大きな違い。根底に流れているサービス精神が違う、といってもいいかもしれない。

感染拡大防止のために、乗客にマスク着用をお願いする。ここまでは、どこの航空会社でも同じです。仕方ないことですよね。でも、ここからが違う。直近で海外に行ったときはＫＬＭを使ったんですが、機内で、こんなアナウンスが流れました。

「感染対策のために、乗客のみなさまにはマスクの着用をお願いしております。でも、いつの日かマスクなしで、またお会いできることを楽しみにしております」

日本語にすると、だいたいこんな意味でした。

伝えるべきことはしっかり伝えたうえで、「いつかマスクなしで会えたらいいですね」と言い添えるなんて、むちゃくちゃ素敵じゃないですか？　マスク着用という窮屈さを乗客・乗員みんなで乗り切ろうという一体感が生まれたようにさえ感じられて、なんか、ええなあ〜と思いました。

でも記憶している限り、日本の航空会社は、こんな気の利いたアナウンスをしません。マニュアルどおり「国土交通省からの通達により、新型ウイルスの感染拡大防止のため、マスク着用にご協力をお願いいたします」と言うだけ。航空会社はサービス業でもあるのだから、もうちょっと心に響く言い方をしてもいいんじゃないかと思うけど、どうも杓子《しゃくし》定規すぎて温かみがない。

こういう違いを見てしまうと、日本って、本当に「お・も・て・な・し」の国なんだろうかと疑いたくなります。

「これが日本流おもてなしだ！」とドヤ顔でサービスするのは、「お・も・て・な・し」じゃなくて、単なる「お・し・つ・け」です。おもてなしって、もっと心がこもったものでしょう？　機内アナウンスひとつにも、血の通った人間としての気遣いをサラリと差し挟む。これこそ本当のサービス精神じゃないでしょうか。

そもそも日本のホスピタリティが本当にすごいのなら、世界中で、そのノウハウが学ばれているはずです。世界中の一流ホテルだって、こぞって日本の旅館やホテルで研修するはずでしょう。

でも、サービスのなんたるかを説く本なんかで手本とされているのは、リッツ・カールトンやヒルトンといった海外のホテルばかり。この事実を見るだけでも、実は「お・も・て・な・し」なんて日本人の自己満足のために唱えられた言葉に過ぎず、本当のサービス精神なんて、ほとんど持ち合わせていないんじゃないかと思えてきます。

読者のみなさんの中に、サービス業に従事されてる方がいたら、ごめんなさい。一生懸命お仕事されているのは、間違いないと思います。

でも、この際、はっきり言わせてもらいます。

「日本はおもてなしの国だ」とか「人にちゃんと気遣いできる繊細な国民性だ」とかいうのは、ぜんぶ幻想なのかもしれない、ということに気づくところから始めないと、コミュニケーション能力の向上もなにもあったものではないと思うんです。

気遣うふりをした善意の押し付け

さらに言わせてもらうと、ホスピタリティを謳《うた》うのはいいとしても、日本の場合は、ちょっと過剰で、しかも的はずれなものが多い気がします。

たとえば、海外から帰ると、「日本の電車は、ようしゃべるなあ」と改めて感じます。停車駅や乗り換えの案内は役に立つとしても、それ以外にも、「不審物などを見かけましたら、駅係員までお知らせください」「傘などのお忘れ物が多くなっております、お気をつけください」とかなんとか、過剰なアナウンスが多い。「マスクはなるべく不織布のものをおつけください」なんて、マスクの種類を指定するアナウンスもありました。

いちばん思うのは、なんでそんなに謝るんだろうということ。「2分遅れてすみません」

「昨日は事故の影響で遅れてすみません」って……。数分の遅れなんて、普通に考えたら誤差の範囲でしょ。翌日まで謝るのも、どんな強迫観念かと思います。先日なんか、飛行機でも「到着が予定より3分遅れて申し訳ありません」と謝られて、びっくりしました。

こういうのを見ていると、日本人が「ホスピタリティ」とか「サービス」と思ってやっていることは、実は、お客さんのことを考えているわけじゃなく、「自分が怒られたくないから、予防策を打っておこう」みたいな意識によるところが大きいんじゃないかと疑わしく思えてきます。

だから、あらかじめ必要以上に下手に出る。それが僕なんかからすると、結果的に押し付けがましくなっているように思えるんです。

そもそもサービスとは、サービス精神という矢印の先がお客さんにきちんと向いて、お客さんのニーズや満足感に合致してこそ、成立するものですよね。そうじゃなければ、押し付けがましいだけです。

なにが言いたいかと言うと、「優しさ」「気遣い」と、「余計なお節介」「善意の押し付け」は、ぜんぜん違うということです。これはサービス業だけでなく、人間関係全般にいえることだと思う。

じゃあ、どこが違うか。優しさや気遣いは相手のことを思った行為だけれども、お節介や善意の押し付けは、「相手のことを思っていると見せかけて、実は自分のことしか考えていない」というところです。

要するに「こんなに人を気遣える私って、いい人でしょ」と思われたい。そんな自己満足感に浸りたいだけじゃないでしょうか。

ヨーロッパで幼少期を過ごしたのち、日本に帰国した子と話したときのことです。その子は、「日本で暮らすのが、ものすごいしんどい」と言っていました。

一時期、「ぼっちが怖い大学生」みたいな現象が話題になったこともありますけど、日本の学校では、「ひとりでご飯を食べる＝ひとりぼっちでかわいそう」ということになっている、と。ひとりで食べたいときも、やたらと「一緒に食べようよ」と声をかけられる。断ると変人扱いされたり、「せっかく誘ってあげたのに」みたいなことを言われたりする……。

それがしんどい、という話でした。

これこそお節介であり、善意の押し付けですよね。

本人は単純にひとりで食べたくてひとりでいるのに、そこへの「気遣い」はなく、ただ「ひとりぼっちでかわいそうな子を誘う、優しい私」を見せたいということでしょ。でなきゃ、断られたからといって捨て台詞みたいなことは言わないわけで。こんなふうに相手の都合を考えないのは、いいコミュニケーションとはいえないと思うんです。

「善意の押し付け」で、もうひとつ思い出しました。

ガーナでのロケのときに、現地の人から「ぜひみんなに伝えてくれ」と言われた話です。ガーナは開発途上国ということで、日本なんかからもいろいろな支援物資が送られてきます。でも、その中に新品はなくて、ほとんどが中古。しかも、使えないものばかりなんですって。さらに、それらを処理するためのエネルギーや料金が、国にとって大きな負担になっていると。

先進国にとってのゴミは、途上国の人たちにとってもゴミ。

「自分たちはもう使わないけれど、貧しい人ならば喜ぶだろう」というエゴが感じられて、なんとも言えない気分になりました。

「同情したがり欲」は浅ましさの極み

日本人は、外国の人たち、特に欧米人に褒められるのがすごく好きですよね。テレビ番組なんかでも、日本のベーカリーのフランスパンを、フランス人に食べさせたりしてね。「僕が子どものときに食べていた本場のパンよりおいしい！　これはフランスでも売ってるのかい？」なんて褒められたら、「やっぱり日本は美食大国なんだ」と喜ぶ。でも、その人だって、「まずい」「故郷のパンとはぜんぜん違う」なんて、そうそう言いませんよ。

で、逆に自分たちよりも貧しい国の人たちの話を聞くと、ごく上っ面だけを見て「かわいそう」「日本に生まれてよかった」とか、妙な優越感に浸ったりするでしょ。これはあんまりよくないと思います。

ここで思い出すのは、「ガーナの子どもたちはカカオの収穫に駆り出されるが、カカオがなにになるのかを知らない。すべて海外に輸出されるから、本人たちはチョコレートを人生で一度も食べたことがない」説です。

いっとき日本で話題になったこの話、聞いたことありません？

実はこれ、真っ赤なウソです。10年くらい前に日本のテレビ局がガーナに取材に行ったとき、日本人の同情を買う場面を撮るために、子どもたちに報酬を出してそう言わせた、というのが真実。

信じがたいかもしれませんが、たまたま、そのアレンジをした張本人である現地コーディネーターの人とガーナで知り合って、直に聞いた話だから確かです。

その人は「番組ディレクターから頼まれて仕事としてやったけど、ずっと引っかかっていた。申し訳ない」と繰り返し言っていました。いわゆるヤラセの片棒を担いでしまったことを、そうとう後悔してるようでした。

本当は、ガーナの子どもたちも日々チョコレートを食べているし、もちろんそのおいしさも知っている。ガーナという国自体、日本人がイメージしがちな貧しい開発途上国ではありません。どんどん豊かになっています。

自分よりかわいそうな人を見つけて、同情したがる。安心したがる。そんな人が多いから、こういう話もウケがよくて、ぱーっと広まってしまうんでしょう。

もうひとつ、ある女優さんから聞いた話もあります。彼女が小児ガンの子どもたちに会いに行くというテレビ番組の企画があったそうで、そこで信じられない指示をされたと。その指示というのが、「最後に、子どもたちに『将来の夢』を聞いてください」というものだったと。

余命いくばくもないとされている子もいる中で、「将来の夢」を聞くことがどれほど残酷か、想像できますか。

「それでも明るい未来を信じてほしい」から？　だとしても、それは昨日今日会った人がテレビでする質問ではないと思いませんか？

通常の神経なら絶対にしない質問だと思いますが、番組としては「将来の夢」を聞いて、「でも、この子たちはそれを叶えられないのだろう」という余韻を残して締めくくりたかったのでしょう。そうすれば「同情したがり」の視聴者にウケるから。

制作側も問題ですが、こんな番組がお茶の間で流れても、怒りや疑問を感じない、そればかりか同情して悦に入る人がいるとしたら、まったくどうかしています。そんな人が、本当の意味で他者を気遣えるようなコミュニケーションができるとは思えないんです。

気遣いの絶妙なさじ加減

ここまでの話でもなんとなく伝わっているんじゃないかと思いますが、無神経の流儀の大事な要素のひとつが、「心の根っこに、人に対する普通の気遣いを持つこと」です。

ときには、そんな心の根っこにある気遣いを、目に見える形で示せたら素敵だと思うけど、これがなかなか難しい。正直、僕にはうまいことできない。

押し付けがましくなく、嫌味なく、自然な気遣いができる人、ええなあと思います。

今、パッと思いつく限りでいうと、たとえば、おばたのお兄さんですね。

彼は、出身地である新潟県魚沼市の特使を務めているそうなんです。先日、仕事で一緒になったときに、「今年もおいしいお米が収穫できました。兄さん、よかったら少し送らせてもらいますので、住所教えてください」って声をかけてきてくれた。

ぜんぜん押し付けがましくなくて、「おお、ありがとう」と素直に言えるような、いい感じの言い方だったんです……文字にすると伝わりづらいのがもどかしいけど。改めて「気遣いがうまいなあ」と思いましたね。

あとは、プレゼントを選ぶのがうまい人とか、気の利いた手土産のレパートリーが多い人、TPOに合ったお店をサッと手配できる人なんかにも、憧れますね。お詫びやお礼の気持ちを、無味乾燥なお金ではなく、もっと血の通った形で示せる人とかも。

こういうことを当たり前のようにできる人は、本当にカッコいい。絶妙なセンスの持ち主だと感じます。

僕の周りには、こういう人たちがわりとたくさんいて、そういう姿を目の当たりにするたびに勉強させてもらっています。かといって、僕も同じようにできるかといったら、なかなかできないんですけどね。

気遣いのセンスは、一朝一夕で身につくものではありません。「贈与は脅迫」なんて言葉もあるように、贈り物や気遣いは、場合によっては相手に「お返ししなければ」といった余計な気を遣わせたりプレッシャーを与えたりしてしまうことも多い。だからこそ絶妙なさじ加減が必要だし、マニュアル化できない暗黙知なんだと思います。

きっと、そういうことを上手にされているご両親や恩人の背中を見て、無意識のうちに体得できるものなんでしょうね。

だからこそ、憧れる。「自分の子どもには、そんな人に育ってほしい」と思いますけど、僕自身ができていないことだけに難しいところです。

社会も人間関係も「ちょっと雑」でいい

ベトナム戦争時の有名な話に、「アメリカ軍の銃器は造りが精密すぎて、ベトナムのジャングルでは使いものにならなかったらしい」というのがあります。

精密な銃器は高性能だけど、手入れも修理も難しく、ちょっとでも砂や水が入ると撃てなくなってしまう。一方、ソ連軍の銃器は、ごくシンプルな造りで性能はよくないけれども、丈夫だったんですって。銃は最低限、撃つことさえできれば、自分の身を守ることは可能になる。「当たるけど撃てない銃」より、「当たらないけど撃てる銃」のほうがいいわけです。

ちょっと不適切な例だったかもしれないけど、「緻密よりも、ざっくりしていたほうがいい」ということは、世の中にたくさんある気がします。

人間関係だって社会のルールだって、ガチガチに余裕なく固めるのではなく、ちょっとくらい雑で大ざっぱなほうが、みんな幸せに暮らせると思うんです。

余白やアソビの部分があると、そこを生かして自分や周りにとってよりよくなる方法なんかも工夫できますよね。それって、ワクワクできるし、楽しいことだと思う。むしろ、アソビの部分がないと、後々の修正や不測の事態への対応もしづらくなります。給料だって、もらった分をぜんぶ使ってしまったら、急な出費があるときに対応できません。集合時間にギリギリ間に合うような時間に家を出たら、少しでも電車が遅延したら遅刻してしまう。

それとも、なんでもかんでもギチギチに決められていたほうが、考えずに行動できるからラクなんでしょうか。

そういえば、『M－1グランプリ』で優勝したマヂカルラブリーに対し、「あんなに動き回るのは漫才じゃない」なんて批判がたくさん寄せられたことがあります。「そんなことまで型にはめたがるのか」とびっくりしましたもん。

特に最近は、ルールを守ることを優先するがあまり、みずから行動制限をかけているような人も増えている気がします。拡大解釈したマイルールを、他人に押し付けようとする人なんかもそう。「ルール至上主義」「マニュアル至上主義」という日本人特有の神経質な一面に見えてきます。

なにもかもギッチギチに決めると、かえって、おかしなことになる場合が多いんじゃないでしょうか。

「雑なルールじゃダメだ」と考えるから、「ルールのためのルールをつくる」みたいなくだらないことが起こる。「雑に付き合っちゃいけない」と考えるから、人間関係が苦しい。「きちんと会話を成立させなきゃいけない」と考えるから、最初のひと言が発せられなくなる。

こういう神経質さが、日本社会を、どこか生きづらいものにしているんじゃないですか。

もっと臨機応変に、もっと大ざっぱにいきましょうよ。失敗したら、「よっしゃ、次行こ」ぐらいの気構えでいいと思うんです。

第9章

世界を虜にする「無神経さ」

コミュニケーションは「とったもん勝ち」

人との付き合いは、あれこれ考えてもしょうがない。相手がどう考えてるかなんて、本当のところはわからない。だから、「コミュニケーションはとったもん勝ち」というのが僕の考えです。

初めての相手に対しても、少しでも興味を持った人には、どんどん距離をつめます。「こう言ったら嫌われるやろか」「こう言ったら喜ぶやろか」なんてことは考えずに、さっさと「打ち解けている感じ」を出してコミュニケーションをとっていく。要するに無神経なんです。自分をさらけ出すことについても、まったく躊躇《ちゅうちょ》しません。

人生の時間は有限です。それでも、200歳くらいまで生きられるのであれば、のんびり、じっくり向き合って、その人が自分にとって興味深い人か、つまらない人かを見極めればいい。けど、実際に元気でいられるのは、たぶん、がんばっても80歳くらいでしょ。だとしたら、出会った人と打ち解けるのに、そんなに時間をかけていられません。たぶん、根がせっかちなのも関係していると思います。

どんどん距離をつめると聞いて、「そんなことして、ほんとに大丈夫？」と思った人もいるかもしれません。

あくまでも僕の今までの実感ですけど、そうしたほうが、妙に気を遣い合うよりも、ずっといいコミュニケーションができる気がします。なにより、こちらが気取らず、気負わず、どんどん距離をつめるほどに、相手も本音を話しやすくなるから、その人がどういう人かが早くわかる。すると、より深い付き合いができやすくなるんです。

ここ数年、テレビのロケで海外に行くことも増えていますが（コロナ禍の間は中断していましたが）、現地の人たちに対しても、まったく同じスタンスで臨みます。言葉が通じないぶん、より意識的に無神経になるところもあるかもしれない。

もちろん現地の基本情報、たとえば宗教的な禁忌とか、日本とは違うジェスチャーの意味合い、文化的な風習などは事前に調べて行きます。

こうした点で大失敗して、むちゃくちゃ反省したこともありますが、それ以外の基本的なコミュニケーションにおいては、相手が外国の人だからといって、へんに気を遣うことはないと思います。

僕の無神経さを表すエピソードとしてよく挙げられるのが、マサイ族の話です。「ケニアのマサイ族が住む村に行ったとき、族長とすぐに打ち解け、ロケ2日目の朝には僕が若いマサイ族を引き連れて歩いていた」というものです。

僕は相手が日本の人だろうと、言葉の通じない外国の人だろうと、無神経にどんどん行く。「打ち解けた感じ」を先に出しちゃう。だから、マサイ族の族長とも、短い間で通常では考えられないくらい濃い付き合いができたんじゃないかと思っています。

いきなり「打ち解けた感じ」を出すテクニック

無神経に距離をつめるのが僕なりのコミュニケーションだから、割と知らない人にも気安く話しかけてしまいます。

少し前の話になりますが、後輩と吉本興業の劇場が入ってるビルの従業員用エレベーターに乗っていたら、同じビルにあるショップ店員さんと一緒になったことがありました。

大きな荷物を抱えていた彼を見て「棚卸しやろな」と思った僕は、そのまんま「兄ちゃん、棚卸しか?」と聞きました。別になんてことなく、ごく普通に。

彼「あ、そうなんです」

僕「やっぱりな。ほな、がんばってな」

彼「はい、ありがとうございます」

みたいな会話を交わして、彼は先にエレベーターを降りていきました。

ところが、この一部始終を見ていた後輩が、ひどく驚いていたんです。どうも後輩は、知らない人に気安く話しかけた僕のことを「すごい」と思ったらしいのですが、逆に僕は「は？　なんで話しかけられないの？」と不思議でした。

そのショップ店員さんは、別に後ろ暗い商売をしているわけではありません。だから、なにをしているのかを聞かれても具合が悪いことはない。

万が一、彼がとても神経質だったりして、急に話しかけた僕を嫌いになったとしても、僕はなにも困りません。通りすがりに、ちょっと言葉を交わしただけの間柄だから、嫌いになられたことにすら気づかないでしょう。

これのどこに「話しかけられない理由」があるっていうの？　不思議でたまらなかったけど、こういう無神経さが、海外ロケでも生きているわけです。

海外ロケでは、現地の人にインタビューをします。せっかくならば上っ面ばかりの話じゃなくて、日本の人たちが聞いたこともないような、深い話やおもしろい話を聞きたい。かといって、そこまで時間はかけられません。

そういうときこそ、例の気安さです。前項でも言った「打ち解けている感じ」を、いきなり前面に出す。すると、たいていは、知り合ったばかりでも旧知の仲みたいに相手が錯覚してくれて、短い時間でも思わぬ話が聞けたりする。

知らない人からいきなり話しかけられたら、警戒するのが人間ですが、そこを気にしても埒《らち》が明きません。だから、無神経にズカズカいくんです。日本人に対しても、海外の人に対しても、同じ。そのときに僕が心がけていることは、主に次の3つです。

①　笑顔で話しかける。

無神経と言われる僕ですが、笑顔だけは意識してつくるようにしてます。まず相手の目に入るのは自分の顔だから、にこやかにしておくに越したことはない。こわばった顔や無表情な顔で話しかけられたら、誰だって構えちゃうでしょ。顔が与える第一印象が、その後のコミュニケーションを左右すると言ってもいい。

②　相手がすぐ答えられることを聞く。

「なにしてんの？」など、どうでもいいような、簡単で、かつ相手がすぐに答えられる質問をして、どうでもいい会話をする。意味なんてなくていいし、盛り上げようなんて考えなくていい。そんな感じでなんとなく会話がつづくと、割と早く打ち解けられます。

③　自分の都合は押し付けない。

まずは「打ち解けた感じ」を出すことが大事なので、警戒心を抱かせないためにも、「なにかを聞き出したい」「自分の得意分野について話したい」という欲は、あっても見せません。

僕の経験上、これだけ心がけていれば、グイグイいっても、まず嫌な顔をされることはありません。

話しかけられたら乗らない手はない

僕の人付き合いの基準は、むちゃくちゃシンプルです。

好きだったら付き合うし、嫌いだったら付き合わない。これだけ。

よく「せいじさんは、誰に対しても分け隔てなく接しますね」と言われますけど、性別、年齢、職業、社会的地位、年収、容姿なんかに関係なく付き合うという意味では、たしかに分け隔てないと思います。

特に理由なんてありません。人の属性によって分け隔てることのメリットをまったく感じないから、自然に分け隔てなく付き合うことになっているだけです。損得勘定なんかによって、付き合いの濃淡を変えたりもしません。安いシャンパンを飲んでいようと高いシャンパンを飲んでいようと、みな同じ人間でしょ。

最初から「こういう人とは付き合わない」「こういう人とだけ付き合う」みたいな自分ルールがあったら、人間関係の幅が狭くなって、つまらないと思う。まあ、少し付き合ってみて「こいつ、嫌い」って思ったら、もう付き合わないから、「好き嫌い」では立派に分け隔てているんですけどね。

付き合っていくうちに離れたりすることはあるけど、最初から自分ルールで勝手に人を判断して、付き合うかどうかを決めるというのは、僕はやらない。もともと好奇心が旺盛だし、いろんな人と付き合うと勉強になることも多いから、入り口は広く。誰に対しても、基本、ウェルカムでいたいんです。

だから知らない人にも気安く話しかけるし、逆に知らない人から話しかけられたら、とりあえず乗っかります。

コミュニケーションはプロレスみたいなもんなので、自分がディフェンス、つまり技を仕掛けられる側になったら、その流れに乗っかってみるのがいい。

たとえば誰かに「素敵ですね」と褒められたら、なんて返します？

日本人は褒め言葉を受け止めるのが苦手な人が多いようなので、「いやいや、そんなことないですよ」なんて謙遜するかもしれません。

でもそれでは、仕掛けられた技を受け流したということ。相手を拒絶したのも同然なんです。

僕だったら「ほんとですか。わ、ありがとう！」と、とりあえず受け取ります。ここからオフェンス（仕掛ける）とディフェンス（仕掛けられる）の応酬、言葉のキャッチボールが始まって、気づいたときには打ち解けている。そういうもんです。

コミュニケーションというと、「気の利いたことを言わなければ」「どんな会話のラリーをしたらいいのか」なんてことばかり気にする人が多いようですが、いちばん肝心なのは最初の受け答えです。

最初のゴングが鳴って、相手に仕掛けられたときに、へんに我を出したり、相手を拒絶したりせず、いったん自分を殺して乗っかってみる。そうすれば、あとは案外、自然に流れていくことが多いんです。

言葉「以外」でコミュニケーションをとる

僕は、誰に対しても、言いたいことは言わせてもらいます。いいことも悪いことも、言わずに済ませるということは、ほとんどありません。「以心伝心」なんて幻想だと思っているから、はっきりと言葉にして伝えるんです。

ただし、コミュニケーションは言葉「だけ」でいいかといったら、それは違うと思う。

特に海外に行くようになって実感したんですけど、ちゃんとリアクションするということも、むちゃくちゃ大事。

言葉が通じなかったら、表情とからだの動きで気持ちを伝えるのが、いちばん手っ取り早い。通訳がいる場合でも、話している僕自身が無表情だったら、相手は不審に思ったり不安を感じたりするに違いありません。

だから、お別れのときなんかでは、言葉は通じなくても「ありがとう〜！」と言いながら大きく笑って、大きく手を振る。たったこれだけのことでも、好意的な感情は相手にビシバシ伝わっているはずです。礼儀正しくお辞儀したりするよりも、はるかに血の通ったコミュニケーションができます。

これは、日本人に対しても同じ。むしろ日本人同士のコミュニケーションこそ、リアクションは意識したほうがいいかもしれません。日本人はただでさえリアクションが薄い人が多いうえに、なまじお互いに言葉が通じるために、言葉以外のコミュニケーションがおざなりにされている気がします。

相手が言ったことに対して、腹を抱えて笑う。思い切りのけぞりながら驚く。表情をフル稼働させて喜ぶ。人はなにかしらのリアクションを期待するものでしょうが、その予想や期待を上回るくらい、大きなリアクションを返す。

これは、実はものすごく効果的なコミュニケーション法なんです。

しかも、いつでも、誰でも、簡単にできることでもある。

言葉でのコミュニケーションは、慎重に言葉を選んだり、話す順序を考えたりする必要があります。そのぶん多くの内容を伝えられるというメリットはありますが、そうやって緻密に組み立てたとしても、自分の真意が相手に100パーセント伝わるとは限らない。

それに、実は、言葉をそれほど必要としない場面もたくさんあるもんです。

好意を伝えたいとき、喜びを伝えたいとき、感謝を伝えたいときなどは、むしろへんに言葉で伝えようとしても、まどろっこしくなってしまうことも多い。そんなときは、言葉数は少なくても、素直にからだと顔全体を使ってリアクションをしたほうが、相手に直感的に伝わってストレートに響く。言葉よりもよっぽど有効な、人間関係の潤滑油になるもんです。

最低限のマナーさえ守れば上出来

世の中には気遣いのセンスがピカイチの人がいますが、これは、育ってきた環境によるところが大きいんじゃないかと思います。

真似しようと思っても、そうそうできるものではないし、できないことを無理にやろうとしてもしんどいだけ。ぎこちなく気を遣うと、逆に気を遣われて、ギクシャクしてしまうこともあるでしょう。

初対面の相手や目上の人と話すとき、やたらと気を遣ってかしこまってしまう人も多いんじゃないでしょうか。お酒の席でも、ずっと正座だったり、スキあらばお酌をしようとしたり、店員さんを呼ぶためのスイッチを自分の前で死守したり……。

僕の後輩芸人や、僕がかつて経営していた居酒屋のアルバイトの子なんかにも少なくありませんが、どうして、こんな堅苦しいルールを自分に課してしまうんでしょう。

おそらく、失礼に当たることをして嫌われたくないとか、「気が利かないやつ」だと思われたくないという気持ちが先行しているんでしょう。だからといって、過度にかしこまると、それだけ打ち解けるのも遅くなります。

なにより、自分が過度にかしこまることで、その初対面の人や目上の人に居心地の悪い思いをさせていることに気づいてほしい。

今では僕も上の立場になることが多くなりましたけど、後輩やアルバイトの子が妙にしゃちほこばっていたら、こっちも楽しめなくなるもんです。

僕は「がさつ」「無神経」なんて言われているくらいですから、細やかな気配りは基本的に苦手。もちろん、相手の様子を見て気持ちを汲んだりはしているつもりですが、それを改まって言葉や行動に表すことは、あまりありません。

絶妙な気遣いができる人はすごいなと思いますけど、形だけ真似したところで、その人と同じようにはなれないでしょ。

だから、僕はもうハードルをうんと下げて、「相手が不快に感じることをしなければOK」ということにしてるんです。

もちろん、人はそれぞれ違うから、「これをしたら喜ばれる」「これをしたら嫌われる」という絶対的な基準は存在しません。かといって、会う人、会う人、その勘どころを探って相手に合わせるのもまどろっこしい。だから、とにかく最低限のマナーだけ守れば上出来としています。

マナーといっても、清潔感を大事にするとか、挨拶をするとか、異文化の人だったら相手の宗教の戒律に抵触するようなことはしないとか、本当に基本的なことです。

あとは自分の気持ちや興味の赴くまま、自然に振る舞えばいいと思っている。このスタンスで人と接して、特に困ったことはないですね。

もし僕が、瞬時に相手の機微を察して合わせられるような人間だったら、もっと違ったコミュニケーションの形もありえたでしょう。

でも、生まれつきそういう人間ではないのだから仕方がない。さらに、無神経さが案外、コミュニケーションにはプラスに作用すると気づいてからは、半ば意識的にやっています。

おかげさまで、僕には人間関係の悩みというものがありません。

ＳＮＳとか、見ず知らずの人の振る舞いやコメントにイラッとくることはあるけど、仕事やプライベートで人と接するときのストレスは、ほぼゼロ。無神経なコミュニケーションで仕事も遊びもテンポよく進み、実にすこやかで順調な毎日を送ることができています。

著者略歴
千原せいじ（ちはら・せいじ）

芸人。1970年1月25日生まれ、京都府出身。

1989年に弟である千原ジュニアとコンビ「千原兄弟」を結成。テレビ番組の企画等でこれまでに70ヵ国以上を訪問し、卓越したコミュニケーション力が話題となる。2018年にメンタルケアカウンセラーの資格を取得。2021年、貧困・就学困難者への支援や国際協力の推進等を主な事業とする一般社団法人ギブアウェイを設立、代表理事となる。

著書に『がさつ力』（小学館よしもと新書）、『プロに訊いたら驚いた！　ニッポンどうなん？』（ヨシモトブックス）がある。

SB新書　615

無《む》神《しん》経《けい》の達《たつ》人《じん》

2023年4月15日　初版第1刷発行

著　者　千原《ちはら》せいじ
発行者　小川 淳
発行所　SBクリエイティブ株式会社
〒106-0032　東京都港区六本木2-4-5
電話：03-5549-1201（営業部）

装　丁　杉山健太郎
DTP　株式会社ローヤル企画
編集協力　福島結実子
写　真　草刈雅之
校　正　有限会社あかえんぴつ
編　集　細井秀美
印刷・製本　大日本印刷株式会社

本書をお読みになったご意見・ご感想を下記URL、
または左記QRコードよりお寄せください。
https://isbn2.sbcr.jp/17318/

ISBN　978-4-8156-1731-8